E. POISSON

SOCIALISME

ET

COOPÉRATION

PUBLICATIONS DE LA SOCIÉTÉ NOUVELLE
DE LIBRAIRIE ET D'ÉDITION

F. RIEDER ET Cⁱᵉ, ÉDITEURS
7, PLACE SAINT-SULPICE, PARIS (VIᵉ)

BIBLIOTHÈQUE SOCIALISTE

M. LAUZEL. *Manuel du coopérateur socialiste*, 1 fr.

E. VANDERVELDE. *Le collectivisme et l'évolution indus-
triclle*. Nouvelle édition, 6 fr.

HUBERT BOURGIN. *Proudhon*, 2 fr.

LÉON BLUM. *Les Congrès ouvriers et socialistes français*
(1876-1900) (2 vol.), 2 fr.

KARL MARX. *Le Manifeste communiste*.
    I. Traduction nouvelle, par CH. ANDLER. 1 fr.
    II. Introduction historique et commentaire de
        CH. ANDLER (en réimp.).

WILLIAM MORRIS. *Nouvelles de nulle part* (2 vol.).
Extraits traduits par LA CHESNAIS. 2 fr.

ANATOLE FRANCE. *Opinions sociales* (2 vol.), 2 fr.

A. MILLERAND. *Le Socialisme réformiste français*. Épuisé.

F. FAGNOT. *Le Syndicalisme anglais*, 1 fr.

A. CRÉHANGE. *Le Gaz à Paris*, 1 fr.

FOURIER. *Le Socialisme sociétaire*. Extraits publiés par
HUBERT BOURGIN. Épuisé.

ALBERT THOMAS. *Le Syndicalisme allemand*. Épuisé.

A. SCHAEFFLE. *La quintessence du socialisme*, 2 fr.

MAXIME LEROY. *Le Code civil et le Droit nouveau*. En
réimpression.

LIEUTENANT Z. *L'Armée aux grèves*. 2 fr.

EORGES RENARD. *Paroles d'avenir*, 1 fr.

I. TCHERNOFF. *Louis Blanc*, 1 fr.

EUGENIO RIGNANO. *La Question de l'héritage*, 2 fr.

E. DOLLÉANS. *Robert Owen*, 2 fr.

EDGAR MILHAUD. *La Tactique socialiste*, 2 fr.

A. VEBER. *Les Impôts*, 1 fr.

E. BUISSON. *La Grève générale*, 1 fr.

F. FAGNOT. *Le Chômage*, 2 fr.

PAUL LOUIS. *Le Colonialisme*, 1 fr.

BABEUF. *La Doctrine des Égaux*. (Extraits des œuvres
complètes). En réimp.

G. FRÉVILLE. *Les Retraites ouvrières*, 1 fr.

E. VANDERVELDE. *La Belgique ouvrière*, 2 fr.

GEORGES BOURGIN. *Histoire de la Commune*, 2 fr.

GÉNÉRAL PERCIN. *L'Armée de demain*, 2 fr.

OSSIP-LOURIÉ. *La Révolution russe*, 3 fr.

A. DE MADAY. *La Charte internationale du Travail*, 3 fr.

SOCIALISME ET COOPÉRATION

BIBLIOTHÈQUE SOCIALISTE

E. POISSON

SOCIALISME

ET

COOPÉRATION

*SOCIALISME POLITIQUE,
SOCIALISME DE PRODUCTEURS
SOCIALISME DE CONSOMMATEURS*

PUBLICATIONS DE LA SOCIÉTÉ NOUVELLE
DE LIBRAIRIE ET D'ÉDITION

F. RIEDER ET Cie, ÉDITEURS
7, PLACE SAINT-SULPICE, PARIS (VIe)
1922

CHAPITRE Ier

La Propriété collective

§ Ier. — L'ÉQUIVOQUE

Le socialisme prétend instaurer une société nouvelle. Pour lui, la base même d'une transformation sociale complète réside dans un régime économique nouveau.

La caractéristique de ce régime est l'opposé de celle de la société capitaliste actuelle, qui repose sur la propriété privée des moyens de production et d'échange, et dont le ressort d'activité est en toute entreprise économique dans la recherche d'un profit.

Le socialisme comporte en effet la *propriété sociale* des moyens de production et d'échange, ou tout au moins de la partie de ces instruments de travail qui, aujourd'hui, n'appartiennent plus à ceux qui s'en servent pour effectuer l'effort de production.

Il comporte l'exploitation économique faite *sans profit*, c'est-à-dire ayant éliminé le bénéfice commercial, le dividende ou profit industriel, l'intérêt de l'argent, la rente foncière.

Mais, déterminer le caractère juridique et économique du socialisme et marquer ainsi la pensée commune de ces milliers d'hommes, et surtout de ces travailleurs, qui mettent en lui leur idéal et leur foi, c'est malgré tout insuffisant, alors même qu'il peut apparaître que des réalisations sont proches.

Le socialisme est à l'ordre du jour. La guerre a mis les idées qu'il représente au premier plan des préoccupations du monde.

Des partis socialistes n'ont-ils pas été maîtres du pouvoir politique en plusieurs pays : en Russie, en Allemagne, en Autriche, en Tchécoslovaquie ? Sans doute, les succès des Partis socialistes, représentation politique de la classe ouvrière, peuvent être éphémères ou durables : ceci n'importe que peu, mais, ce qui est certain, c'est qu'un souffle révolutionnaire a soulevé l'Europe avec la fin de la sanglante tragédie.

Il est possible qu'une ère de réaction s'ouvre à nouveau, car l'histoire figure comme les mouvements d'un vaste balancier. Des reculs passagers, des périodes de réaction, comme celle qui sévit en France, ne signifient nullement une éclipse du socialisme : c'est peut-être même l'époque où les Partis qui incarnent cette idée semblent amoindris, où les idées que ces Partis représentent sont le plus près de triompher.

Les événements tendent à l'avènement du socialisme plus que la volonté des hommes. Comme il est arrivé souvent dans l'histoire, le socialisme, en tout ou en partie, peut se réaliser en l'absence de ceux qui en ont été les promoteurs et les protagonistes, et peut-être même contre eux.

Quoi qu'il en soit, il importe aujourd'hui que, sortant d'une tour d'ivoire d'autant plus superbe qu'elle est quelquefois inaccessible, la pensée socialiste se précise et soit prête à se matérialiser.

Certes, pendant longtemps, la plupart des socialistes se sont vigoureusement opposés à aller au delà des affirmations de principe touchant la question de la transformation de la propriété et la suppression des revenus acquis sans travail. Ils déclaraient vouloir écarter l'utopie et n'entendaient nullement reprendre la tradition des Thomas Morus ou des Campanella. Ils se gaussaient même volontiers de théories purement imaginatives où l'on trouve les aperçus géniaux d'un Fourier et ne confondaient pas le socialisme avec les colonies communistes de Robert Owen ou de Cabet.

Le socialisme sort des faits. Il est possible en raison même de l'évolution capitaliste qui met le capital d'un côté et le travail de l'autre et, en se développant, rend de plus en plus collectif l'effort du travail, pendant que se maintient la *propriété privée* des instruments de travail.

Déterminer comment s'organisera en ses détails le monde nouveau, ce serait en effet une œuvre vaine et ridicule. Un adversaire qui voulait faire de l'esprit demandait un jour ironiquement à un propagandiste socialiste : « Comment ferez-vous bouillir les marmites dans la société future ? » L'autre répondit qu'il donnerait une réponse, à la question quand l'interlocuteur pourrait lui-même lui indiquer comment on nommait un garde champêtre dans la société actuelle. Naturellement, l'interlocuteur ne le savait pas. Pourtant, il s'agissait d'un problème, d'ailleurs minuscule, résolu, et non d'un détail de l'organisation sociale future.

D'ailleurs, le régime socialiste consistant dans une gestion sociale s'exerçant par la volonté d'êtres humains, ce sont les intéressés eux-mêmes qui, au moment propice, détermineront les conditions d'organisation et l'application des principes socialistes au monde nouveau. La différence essentielle avec la société actuelle réside dans ce fait qu'aujourd'hui, ce sont les détenteurs du capital qui organisent, au moins économiquement, la société, telle qu'ils l'entendent.

Mais cependant, à quel instant déterminé les socialistes consentiront-ils à établir les règles et à fixer les méthodes d'organisation de la société qu'ils entrevoient ? Attendront-ils qu'ils soient les maîtres du pouvoir politique et qu'ils se soient emparés de l'État ? C'est ce que beaucoup pensaient et même c'est ce que beaucoup peut être pensent encore. Cette thèse est du reste en conformité avec la tactique traditionnelle du Parti.

Il est bon de se rappeler à ce propos le passage célèbre du Manifeste communiste de Karl Marx qui, comme chacun le sait, a été et reste le bréviaire du socialisme moderne :

« *Le but immédiat pour les communistes est le même que pour tous les partis prolétariens, la constitution du prolétariat en parti de classe, le renversement de la domination bourgeoise, la conquête du pouvoir politique par le prolétariat* ».

Ainsi donc, le socialisme traditionnel subordonne à la prise du pouvoir politique la réalisation de tout ou partie du socialisme.

Mais c'est quand le socialisme et les Partis politiques qui le représentent se trouvaient encore fort éloignés du pouvoir, que ceux-ci devaient, par suite, se contenter d'une simple agitation autour de leurs idées résumées en quelques principes essentiels, qu'il était naturel de s'en tenir à la formule en question ; il était pour ainsi dire impossible de la dépasser.

Au contraire, dans la mesure où, justement, en maints endroits, le Parti socialiste peut espérer, soit par une action révolutionnaire, soit même simplement par la conquête d'une majorité parlementaire, s'emparer du gouvernement d'un pays, la question se transforme ; si l'on veut gagner les masses qu'il a la prétention d'éduquer, et ne point donner surtout d'illusions à ces milliers de travailleurs auxquels il fait appel, il lui est de plus en plus nécessaire d'expliquer son point de vue et de dire exactement ce qu'il fera quand le pouvoir sera entre ses mains.

Il ne suffit pas d'agir en attendant le mythique

« Grand Soir », et encore la plupart de ceux qui attendent le « Grand Soir » n'agissent pas, ou n'agissent guère. En admettant que le Grand Soir arrive, il faut au moins expliquer ce que l'on fera le lendemain.

Nous ne nions pas certes la force d'action que peut avoir un mythe révolutionnaire auprès des masses prolétariennes ou même du peuple en général, mais il faut tenir compte aussi que de plus en plus, ces mêmes masses et l'ensemble du pays ont besoin, pour être convertis au socialisme et pour faciliter la prise de possession du gouvernement par le socialisme, de savoir quel est exactement le but de celui-ci.

Dire qu'il réalisera la propriété sociale, c'est bien, mais dire comment il organisera la gestion de cette propriété sociale, c'est encore mieux. Il faut prendre le pouvoir, dit-on. Mais pour le prendre, il est indispensable de formuler un programme.

D'ailleurs, dans les cadres mêmes du Parti socialiste, il est beaucoup de militants qui n'acceptent pas sans réserves l'idée que la prise du pouvoir est préalable à toute réalisation socialiste.

D'un côté, ce sont les réformistes, comme ils s'intitulent eux-mêmes, qui prétendent réaliser le socialisme par une conquête progressive et graduelle des pouvoirs publics, par l'établissement, au moyen de lois réformatrices, de la propriété sociale nouvelle et de la gestion économique démocratique.

Il est également toute une école qui peut s'affirmer socialiste, puisqu'elle vise à la suppression du salariat et du patronat : l'école syndicaliste et dont les formules sont celles de la Confédération Générale du Travail française. La doctrine de cette école, se plaçant sur un autre terrain que le terrain politique, s'oppose à la fois à l'idée de la réalisation du socialisme par la prise du pouvoir totale ou de sa conquête par étapes, et prétend que le socialisme se réalise par l'action des travailleurs sur le terrain économique, par le développement de leurs propres institutions, résultant elles-mêmes de leur action concertée ; c'est ce qu'on a pu justement appeler le « socialisme des institutions ».

Enfin, l'on peut prétendre que les coopératistes qui voient dans la coopération de consommation, non pas seulement un moyen de vivre à meilleur compte, mais les embryons de l'organisation de la répartition future des richesses organisées sous la forme collective, se rattachent de fort près aux syndicalistes dont nous parlions ci-dessus. Pour eux également, la coopération est socialiste *par nature*, et, dès aujourd'hui, surtout dans la mesure de son développement, dans la mesure où, passant de la répartition des richesses à l'organisation de la production au moyen de ses Magasins de gros, il entend créer une propriété collective, le mouvement coopératif formule, lui aussi, un idéal nettement socialiste.

Toutefois, on peut prétendre que pour les syndicalistes, comme pour les coopératistes, qui croient les uns et les autres à la vertu des institutions socialistes dès maintenant réalisées en tant que résultant de leur action propre et fonctionnant dans les cadres mêmes du monde ancien, le problème d'organisation et de réalisation de la société nouvelle constitue leur propre programme d'action.

La question est toute différente pour ceux qui composent encore l'immense majorité des adhérents du Parti socialiste, qui vivent, pour ainsi dire, en dehors de ces cadres constitués, de ces institutions vivantes. Mais ils ont également à déterminer, s'ils sont loyaux et s'ils veulent réellement aboutir à une véritable transformation sociale, quelles seront les bases de la société nouvelle, dans l'hypothèse de la prise du pouvoir.

Du reste, parmi ces derniers, un certain nombre sont déjà peu à peu entrés dans cette voie.

Négligeons les livres purement de propagande qui, cependant, marquent la préoccupation chez un certain nombre de socialistes de répondre à la question de savoir ce que sera la société future.

Laissons même de côté les aperçus purement imaginatifs comme ceux du grand romancier Wells, mais il n'est pas possible d'oublier les approximations socialistes présentées par Benoît Malon, Eugène Fournière et Georges Renard.

Ces trois sociologues, tous trois socialistes, ont essayé, à des doses et en des sens différents, d'examiner à un point de vue éducatif, soit la structure économique, soit l'organisation morale, soit la constitution politique de la société nouvelle, en déduisant celle-ci d'un principe établi par avance et en tenant compte également des situations actuelles et de l'état économique de la société présente.

Enfin, l'immortel génie du socialisme français, Jaurès, avait senti et compris la nécessité de ne plus s'en tenir simplement aux affirmations de principe et de s'approcher davantage de la réalité des faits. Il avait annoncé, quelques années avant sa mort, son intention, non pas de décrire la société nouvelle de bout en bout, mais d'indiquer, sous forme de grands projets de lois, les transformations sociales nécessaires pour la réalisation du socialisme, en prenant un à un chaque grand problème social.

C'est ainsi, que dans sa pensée, il convenait de mettre debout des projets de nationalisation, et de nationalisation spécialisée; ici pour les mines, là pour les chemins de fer. C'est ainsi également qu'il aurait voulu que les socialistes présentent un projet de loi général sur les assurances sociales ayant pour but d'unifier les différentes branches de l'assurance et de les coordonner. Si ce projet était adopté, l'humanité serait à l'abri de tous les risques sociaux : maladie, invalidité, vieillesse, décès, chômage, maternité.

Malheureusement, le geste d'un fou ne lui a pas permis de réaliser son dessein. Toutefois, il avait commencé par l'étude de l'organisation militaire telle qu'elle devrait être constituée. Sur cette question, il a écrit cet admirable livre, à la fois de science et de prophétie, qui s'appelle « L'Armée nouvelle » et qui, précisément, avait comme conclusion un projet de loi socialiste sur l'institution militaire.

Du reste, si les socialistes avaient quelque appréhension à donner par avance des précisions sur la société nouvelle, il faut tout de même reconnaître que sans donner de détails, il se dégage certaines directives de leurs écrits et de leur action même.

La formule d'adhésion du Parti socialiste unifié dit ceci :

« Transformation de la société actuelle en une société collectiviste ou communiste ».

Dans cette formule, on peut distinguer deux formes d'organisation socialiste ou deux formules de répartition des richesses. Ce sont les formules des écoles socialistes du passé, dont le Parti unifié était une résultante, qui avaient conduit les dirigeants à faire cette distinction, et, de fait, le collectivisme ou le communisme ne sont pas des conceptions sociales absolument identiques. Pour un collectiviste, il s'agit de constituer une société reposant sur la formule : « A chacun selon son travail »; pour un communiste, une société reposant sur la formule : « A chacun selon ses besoins ».

En réalité, c'est surtout pendant les premières années où le socialisme a eu droit de cité en France que ses adeptes, beaucoup plus théoriciens que praticiens, ont discuté ce problème. Le jour où le Parti est devenu une force et une force d'action, les spéculations de l'esprit à propos du régime social nouveau ont fait place à l'idée simple que, tout d'abord, il fallait s'emparer du pouvoir politique.

Aujourd'hui, la vieille querelle entre le collectivisme et le communisme apparaît peut-être sous des formes différentes que dans les luttes d'école de jadis. La situation économique et les circonstances ne sont pas les mêmes, mais il faut cependant savoir dans quelle mesure et suivant quelle forme la réalité économique peut adapter tantôt une partie, tantôt une autre des formules sociales consacrant soit une société de travail, soit une société des besoins, ou là totalité de l'une des deux formules.

Ce n'est donc point les détails de la société nouvelle qu'il faut préciser, mais les directives essentielles qui doivent servir de base à cette société. Or, à ce point de vue, il y a deux grands problèmes qu'il importe pour tous les socialistes d'examiner.

La propriété privée des instruments de travail, des moyens de production et d'échange, certes, doit faire place à la propriété collective. Mais cette propriété collective doit-elle être une propriété sociale au sens vrai du mot ?

S'agit-il de créer une propriété internationale ? S'agit-il d'établir une propriété seulement de la nation, sans qu'il y ait propriété des départements ou des communes? S'agit-il de laisser subsister des propriétés corporatives ou coopératives ? Enfin toutes ces formes de propriété collective sont-elles compatibles avec la propriété sociale tout court ?

Ensuite, il y a un deuxième problème. La propriété sociale une fois constituée, qui gérera la société nouvelle ? La nation gérera-t-elle directement la propriété sociale elle-même, par l'intermédiaire de ses élus ou de ses représentants et confiera-t-elle la gestion des grands organes économiques de la société à telle ou telle institution ? Les producteurs auront-ils la charge de la gestion, ou seront-ce les consommateurs ? Sera-ce l'État ou d'autres institutions politiques du pays ?

Il convient d'examiner de près ces deux problèmes.

§ II. — La propriété sociale

La revendication essentielle du socialisme se résume dans la propriété sociale. L'organisation du socialisme, c'est la recherche des méthodes de gestion de cette propriété.

Mais il faut s'entendre sur ce qu'on appelle la propriété sociale ; aujourd'hui, le régime dominant est celui de la propriété privée. C'est du reste à tort que l'on parle souvent de propriété individuelle. Quand il s'agit par exemple de sociétés par actions, de sociétés en commandite, quand nous sommes en présence des trusts ou des cartels, on ne peut parler évidemment de propriété individuelle. Chacun des possesseurs d'un titre, ou des participants à la co-propriété dans le système des sociétés, trusts et cartels, ne peut, sous une forme quelconque, l'individualiser en dehors du montant négociable de sa part sociale. Peut-on dire par exemple que, dans une Compagnie de chemins de fer, l'actionnaire ou l'obligataire peut prétendre avoir un droit de propriété sur une parcelle de la Compagnie, sur

un morceau de rail, ou sur une bielle de locomotive?
Il y a donc de la propriété collective privée.

D'autre part, on ne peut prétendre que dans la
société actuelle il n'y ait que de la propriété
privée, individuelle ou collective. Si celle-ci do-
mine et même tend, sous sa forme collective, à se
développer, il n'en existe pas moins à côté d'elle
des exemples nombreux de propriété collective
publique. C'est ainsi que tous les biens des communes, des départements, de l'État, ou d'institutions publiques comme les hospices, sont des
propriétés collectives publiques.

Enfin, à côté des propriétés publiques, il existe
des propriétés collectives : corporatives ou mu-
tuelles. N'est-ce pas le cas par exemple pour les
propriétés des Universités ou des organisations
syndicales, en ce qui touche soit leurs immeubles,
soit les fonds dont elles disposent ? N'est-ce pas
encore le cas pour les sociétés de secours mutuels,
pour les associations de toute espèce et de tout
genre, qui, soit dans l'ordre moral, soit dans
l'ordre politique, soit dans l'ordre économique,
arrivent, à un moment donné, à posséder les moyens
de production et d'échange ? N'est-ce pas le cas
enfin pour une plus large part pour les institutions
comme les organisations coopératives, qu'il s'agisse
de coopératives de consommation, de coopératives
de production ou de coopératives d'habitation ?

Or, le socialisme, en proclamant le principe de
la propriété sociale, a-t-il l'intention de transfor-
mer non seulement toute la propriété privée,

mais également de modifier le régime des propriétés collectives dont nous venons de citer quelques exemples ?

Dans la société nouvelle n'existera-t-il qu'une forme de propriété sous la forme de propriété nationale, ou, au contraire, laissera-t-on subsister à l'intérieur même de la collectivité nationale d'autres collectivités, petites ou grandes, propriétaires, raison de leur situation géographique ou de leurs conditions économiques ou de leurs attributions sociales ?

Il semble, à première vue, que le socialisme ne se soit guère prononcé sur ce point jusqu'à ce jour. En vérité, rien d'impossible ni de contradictoire pour le socialisme de laisser une part de propriété, au sein de l'unité et de la propriété nationales, à des collectivités, ou publiques ou privées, dont le but et l'objet peuvent être conformes à l'idéal même du socialisme.

Mais cette question en entraîne une seconde. Il ne s'agit pas seulement de savoir si on laissera aux collectivités actuelles, politiques, économiques ou morales, leurs propriétés, il s'agit de savoir si dans la transformation que le socialisme veut opérer par rapport à la propriété privée actuelle, il remettra celle-ci entre les mains de la nation, ou si, au contraire, il n'en laissera pas tout ou partie à d'autres collectivités. Quelques exemples sont nécessaires pour préciser notre pensée.

Voici, par exemple, dans des grandes villes, des services d'eau, de gaz, d'électricité, de transports, qui appartiennent aujourd'hui à des Compagnies privées. Le socialisme, en triomphant, voudra-t-il, en dernière analyse, aboutir à faire de ces propriétés le bien commun de tous les Français ou, au contraire, celles-ci ne resteront-elles point propriété régionale ou municipale ? De même, le socialisme, en présence de la propriété commune et collective des consommateurs associés dans leurs coopératives, éprouvera-t-il le besoin de réaliser une expropriation de ces institutions coopératives au profit de la nation tout entière ?

Notons que pour ce qui concerne les coopératives, il s'agit pour une part de propriété privée, puisque chaque coopérateur possède une action de la société dont il fait partie. Il est vrai qu'en dehors de cette propriété, pour ainsi dire individuelle, la coopérative en a constitué une autre beaucoup plus importante, qui tend chaque jour à avoir une part plus considérable dans les organisations, et celle-là est propriété collective indivise, inaliénable et incessible et tend à réaliser des fins éminemment socialistes.

Enfin, lorsqu'on prononce le mot de propriété sociale, on pourrait croire qu'il s'agisse d'une propriété de la société humaine tout entière. Ce ne serait plus par conséquent même une propriété nationale, mais une propriété internationale. Il faudrait donc admettre par là-même que les nations se seraient fondues dans une unité humaine. Même dans cette hypothèse, le problème ne serait pas résolu, car, dans des États-Unis de l'Europe ou du monde, il serait possible de concevoir des propriétés nationales exactement, comme dans la société socialiste nationale, nous envisagions tout à l'heure la possibilité de propriétés collectives : départementales, communales ou corporatives.

Enfin, en allant plus loin, on peut se demander si, avec la transformation sociale, et lorsque les moyens de production et d'échange seront devenus collectifs, il s'agira bien de constituer intégralement une propriété sociale nationale. Par exemple, ne peut-on concevoir que les mines, les chemins de fer, les transports par eau ou les transports par terre ne deviennent la propriété d'une sorte de régie autonome fonctionnant sous l'égide même de la nation ?

En résumé, on peut concevoir que sous la formule de propriété sociale, il puisse exister, en régime socialiste, des propriétés internationales, des propriétés nationales, des propriétés départementales, communales, corporatives, coopératives, etc., qui aient toutes un caractère commun : celui d'être des propriétés collectives.

En fait, la véritable question n'est pas dans le droit de propriété, mais dans le droit de possession ou, plus exactement, le véritable problème est de savoir qui *gérera* la propriété collective, *dans quelles conditions et sous quelle forme*, avec quelle liberté ou quel contrôle, avec quels rapports réciproques des diverses collectivités agissant dans leurs propres cadres, mais avec des insuffisances que la complexité même de la vie sociale ne pourra que *multiplier.*

Du reste, lorsque le socialisme prétend instaurer la propriété sociale, il n'entend pas non plus rendre collectives immédiatement toutes les propriétés ; il indique par là, peut-être, une aspiration générale, un but à venir, un idéal à réaliser, mais il a toujours prétendu tenir compte de l'évolution économique actuelle. Il a basé sa revendication de propriété sociale sur le fait que, par suite de l'évolution économique, il y a séparation entre le travail et la propriété. En maintes circonstances, des socialistes, du moins ceux qui s'intitulent collectivistes, ont nettement déclaré qu'ils n'entendaient pas toucher à cette propriété privée qui était encore entre les mains de ceux qui travaillent.

Ainsi donc, le socialisme aura à voir dans quelles conditions il pourra faire fonctionner la propriété sociale et collective en laissant subsister à côté d'elle des parcelles souvent considérables de propriété privée.

Le problème est important quand on songe qu'en France, il y a des millions de paysans qui sont à la fois exploitants et propriétaires de leur propre terre. Il est clair que si le socialisme entend triompher, il lui importe de rassurer, — non pas seulement pour rassurer, mais aussi parce que ce serait la vérité, — ces millions d'hommes ou de familles qui ne peuvent être atteintes dans leurs intérêts par l'avènement du socialisme.

Il n'y a pas du reste que le cas du paysan de France qui soit à envisager. Il reste encore des milliers d'artisans, travailleurs à façon, petits patrons, opérant eux-mêmes ou ne se faisant aider que des membres de leur famille. Il existe même des corporations, telles par exemple en province celles des maréchaux-ferrants ou des cordonniers qui ne doivent pas voir dans les socialistes que des expropriateurs.

En face des petits commerçants, petits détaillants à leur boutique, boulangers, bouchers des villes de province ou du fin fond des campagnes, que fera le socialisme ? Les expropriera-t-il ? Sûrement non. On peut même dire que, de ce point de vue, il y a une différence énorme entre la coopération de consommation, par exemple, qui entend substituer à des formes archaïques du commerce, le commerce public et associé des consommateurs, et le socialisme politique, purement politique, qui entend réaliser par la voie légale le résultat de la prise du pouvoir révolutionnaire ou non révolutionnaire, une transformation légale.

§ III

COMMUNES DE CONSOMMATEURS ET COOPÉRATIVES

L'étude du régime russe des Communes de consommateurs peut fournir immédiatement des éléments intéressants de comparaison.

Il s'agit de démontrer en quoi ces Communes de consommateurs, œuvres politiques, se séparent des coopératives économiques, type du socialisme des consommateurs et qui peuplent le monde.

La coopérative, comme la Commune de consommateurs, a pour résultat l'abolition du profit privé, c'est-à-dire, par ses magasins de gros et de détail, la suppression du bénéfice commercial de l'intermédiaire.

Le deuxième caractère commun réside dans ce fait qu'elles entendent toutes deux faire reposer l'organisation économique nouvelle sur des organismes dus à l'action collective et non pas à l'action individuelle et privée.

Mais ceci dit, examinons les différences.

La Commune de consommateurs doit son existence à des décrets ou à des lois. Elle est donc le résultat, sous une forme juridique, d'un acte politique, d'une manifestation d'ordre gouvernemental, d'une création d'État, fût-il prolétarien. La Commune des consommateurs est en ce sens une œuvre « artificielle », constituée d'abord par l'esprit et dont la réalisation serait due à un concept à priori.

La coopérative est toute différente. Elle est le résultat d'une action volontaire des hommes, d'un acte d'auto-défense des consommateurs, acte librement consenti. Elle est pour ainsi dire dans l'ordre naturel des choses. Elle est en tout cas spécifiquement économique et hors de toute institution politique.

Il suit de là une deuxième différence : à la coopérative, seuls ceux qui ont adhéré et ont accepté les statuts, ont droit à la gestion. Dans la Commune de consommateurs, le pouvoir souverain appartiendra à n'importe quel habitant de la commune. Du reste, ce n'est pas l'habitant en tant que consommateur qui sera le pivot de l'organisation, mais le consommateur en tant que travailleur et producteur (tout au moins dans la constitution soviétique où, théoriquement, ces derniers ont seuls droit de vote).

En fait, à la coopérative, nous sommes en présence d'une démocratie des « foyers ». Il est bien entendu en effet qu'à l'Assemblée générale, tout sociétaire en vaut un autre, suivant le principe démocratique d'« un homme une voix », mais, dans la réalité des choses, chaque homme ou chaque femme ne prenant pas une action coopérative, la normale des choses c'est : une action par foyer, par famille, même si la famille se réduit à une seule personne, c'est-à-dire à un célibataire. La démocratie coopérative est, si on peut dire, « organique », et c'est ce qui, en fait, la différencie considérablement de la démocratie pure et simple, qui prend l'homme comme une abstraction et en fait dans le domaine politique le citoyen souverain.

Dans la Commune de consommateurs, c'est la démocratie politique pure et simple, si on n'y apportait la restriction qu'il faut être un travailleur pour avoir le droit de voter : il ne s'agit plus d'une représentation « organique », ni en droit, ni en fait. Ce n'est même pas un élément ou une unité de la production qui est à la base de la représentation, comme il en serait par exemple avec la représentation de l'organisation syndicale corporative. Un individu abstrait qui n'est plus le citoyen mais le travailleur, voilà le nouveau souverain.

Seulement, il résulte de cette conception, que tous ceux qui ne travaillent point, même ceux probablement qui ont travaillé ou ceux qui ne peuvent pas encore travailler, soit par raison d'âge, de maladie ou de sexe, devraient être éloignés de la gestion de la répartition collective des richesses. Et pourtant, ils sont consommateurs.

Si l'on voulait cependant vraiment établir un principe d'ordre communiste, si l'on pensait que c'est le besoin à satisfaire qui doit être à la base de la société nouvelle, il semble bien que c'est chaque homme ou chaque femme, pris comme unité de consommateur, qui devrait être à la base de la direction de la nouvelle société.

En vérité, le communisme russe est simplement du collectivisme, — du collectivisme politique, autoritaire et étatique. — On peut fort bien prétendre que la coopération économique est, par sa nature et dans sa structure, beaucoup plus près du grand idéal communiste. En tout cas, ici « conception organique », et là « conception abstraite » ; ici « démocratie du travail », là « démocratie des foyers ».

Coopération et Commune de consommateurs sont donc à deux pôles opposés.

Il y a une troisième différence dont on parle le plus souvent, mais qui, à notre avis, n'est pas la plus importante : la Commune de consommateurs, dit-on, est « obligatoire ». et la coopération est « volontaire ». C'est à propos de ce caractère différentiel que l'on vient affirmer que coopération et Commune de consommateurs doivent se rencontrer.

Ne dit-on point que du jour où la coopération sera devenue assez puissante pour englober l'immense majorité de la population d'une. commune ou d'une région, le jour où toute concurrence sera rendue impossible à des intermédiaires privés, la coopération « volontaire », sinon en droit, du moins en fait, sera devenue « obligatoire », puisqu'il n'y aura plus d'autres magasins pour se fournir ; cependant, dans ce cas-là même, la Commune de consommateurs n'est pas l'aboutissant de la coopération, car il est fort possible de concevoir que les sociétés coopératives satisfassent tous les besoins des consommateurs, quels qu'ils soient, sans pour cela les obliger à faire un acte volontaire d'adhésion à l'institution économique ; c'est le cas pour la plupart des sociétés coopératives françaises, qui, depuis longtemps, vendent au public ; c'est le cas également pour les sociétés coopératives anglaises. Certes, ce n'est point le fait de la souscription d'une action qui donne à la coopération un caractère différent de la Commune de consommateurs : d'abord, parce que le coût de cette action est très peu élevé et qu'il est facile d'en libérer le montant par des versements successifs ; puis, parce qu'il suffit, d'ordinaire, des trop-perçus de fin d'année pour la libérer complètement, et si certaines législations n'autorisent point ce système, en tout état de cause et surtout avec la dépréciation de la monnaie, actuellement, pour ainsi dire personne, s'il le veut, n'est éloigné de la société coopérative.

Mais on peut donc fort bien imaginer une répartition collective des richesses gérée par une institution dite coopérative, dont l'accès doit être offert à tout le monde, qui opère les ventes en faveur de tout le monde, même à des non sociétaires, mais qui réserve précisément le pouvoir de gestion à ceux des consommateurs qui, par un acte volontaire, action ou autre, marquent leur désir de s'intéresser à la vie économique, d'en contrôler les rouages et d'en déterminer les conditions. Forcément, sont seulement éloignés ainsi de la gestion de la coopération ceux qui ne veulent pas en faire partie.

La coopération, en ce sens, n'est point totalement démocratique au sens traditionnel et politique du mot. Tout en assumant une répartition collective des richesses, tout en permettant à l'universalité même des consommateurs d'en faire partie, elle appelle à elle ceux qui montrent un esprit de contrôle et un souci de la direction économique et qui sont décidés, par un acte de volonté consciente, à exercer leurs droits : c'est en vérité l'élite des consommateurs qui aurait la charge, au profit de tous et pour tous, de gérer la répartition collective des richesses, même dans un pays où la coopération serait généralisée.

De là, par conséquent, découle une autre différence encore entre la Commune de consommateurs et la coopération en ses principes : l'une repose sur l'auto-gestion désintéressée, la deuxième sur une gestion venue pour ainsi dire de l'extérieur et ayant des objets et des buts différents de ceux que poursuit une société purement économique.

Les conséquences des deux concepts sont faciles à concevoir : avec la coopération d'auto-gestion, c'est la responsabilité qui, forcément, s'établit. Avec la Commune de consommateurs, c'est une gestion sans souci de progrès économique, sans préoccupation des rendements, des prix de revient, du coulage, de l'organisation technique, du perfectionnement matériel permettant de réaliser un idéal économique.

C'est la responsabilité opposée à l'irresponsabilité, mais c'est également la capacité et les compétences opposées à l'incapacité et à l'incompétence. La coopération n'aboutit donc pas, en ses fins dernières, à la Commune de consommateurs.

N'est-ce pas du reste une loi générale qui veut que chaque institution sociale doit accomplir sa besogne propre en vertu d'une division du travail social ? Les choses économiques doivent appartenir au domaine économique, les choses politiques au domaine politique.

§ IV. — La méthode et les limites
du Socialisme coopératif

Le socialisme, tout en respectant les formes privées de propriété reposant sur le travail, n'entend pas pour cela renoncer à son idéal de propriété sociale ; seulement, il attend de l'évolution économique l'élimination progressive de ces formes de propriété privée, il entend gagner par l'exemple les travailleurs de la terre à la propriété sociale, et cela, grâce aux progrès des associations coopératives agricoles, soit qu'il s'agisse de la vente en commun, soit qu'il s'agisse du travail en commun, soit qu'il s'agisse d'organisation technique et pratique du travail.

Le socialisme affirme du reste que cette expropriation des travailleurs possesseurs privés des instruments de travail s'accomplit aujourd'hui par le jeu même des lois de la société capitaliste.

Il n'en est pas moins vrai qu'un jour ou l'autre, le socialisme entend, au nom de l'intérêt général, au nom du progrès humain et de la civilisation, que peu à peu se réalise, devienne générale, la propriété collective publique.

Est-ce à dire que le socialisme veut aller encore plus loin ? Doit-il se contenter seulement de la propriété collective et sociale des moyens de production et d'échange ? Veut-il aller jusqu'à la propriété sociale des moyens de consommation ? C'est là la formule un peu simpliste de ce qu'on a appelé le « communisme libertaire » et qui se traduit par l'expression retentissante « la prise au tas ». Mais les socialistes, même quand ils affirment l'idéal communiste, entendent simplement que les besoins humains soient satisfaits au maximum sans retirer pour cela à chacun le droit personnel et privé sur les objets de consommation.

Ainsi donc, la revendication de la propriété sociale est beaucoup plus une aspiration théorique qu'une réalisation, totale et immédiate, possible au socialisme s'emparant du pouvoir. Le concept de propriété sociale n'empêche pas de concevoir beaucoup d'autres formes de propriétés collectives. Le socialisme ne peut pas l'étendre à tout, et même quand on ne veut l'appliquer qu'à ce qui paraît son objet propre, — les moyens de production et d'échange, — le socialisme entend encore limiter son action immédiate et réelle à un certain degré d'évolution économique de la société et aux cas où la propriété et le travail ne sont pas réunis dans la même main.

§ V. — LES PRINCIPES DE GESTION SOCIALE

Que le socialisme se justifie par des raisons économiques ou éthiques, peu importe ? Au contraire, il convient d'établir quels seront les principes directeurs de l'organisation socialiste et à quel point de vue il faut se placer pour envisager la société nouvelle.

Après avoir fait la critique du régime capitaliste reposant sur la propriété des instruments de travail, il ne suffit pas d'exalter la nécessité et l'utilité de la propriété sociale. On n'a pas pour cela résolu le problème. Propriété et possession sont deux choses différentes ; le droit sur les choses et leur gestion constituent deux problèmes complètement distincts.

Dans quel sens doit s'orienter la gestion sociale des propriétés collectives ? D'abord, faut-il imaginer une gestion unique de toute la société économique ? Nous avons déjà écarté une partie de cette hypothèse en indiquant qu'il était difficile de concevoir la propriété sociale unique et que forcément, dans la société socialiste, subsisteront et même s'étendront d'autres propriétés collectives en raison de leur caractère spécial, de leur objet ou de leur puissance d'extension, ou en raison des circonstances. Tel est le cas pour les propriétés des villes, les propriétés des corporations et également la propriété des coopératives.

Mais, même pour celles des propriétés qui deviendraient nationales et sociales, on peut se demander si, malgré le caractère national des objets économiques auxquels elles correspondent, il n'y a vraiment pas lieu de constituer des gestions séparées pour un certain nombre d'entre elles. Par exemple, est-ce une sorte de Parlement économique qui tout à la fois gérera les chemins de fer, les mines, les industries du textile ou du bois ?

Cela ne veut point dire qu'il y aurait nécessité de rendre indépendante chaque usine ou chaque établissement socialisé, car, alors, aucune action générale ne pousserait au développement et à l'organisation de l'économie nationale. En beaucoup de cas, l'organisation économique actuelle manque d'unité ; c'est ainsi que la lutte entre les Compagnies de chemins de fer, que les rivalités entre les Compagnies de mines, que le chacun pour soi des grands dirigeants de l'industrie ou du commerce a pour aboutissant, non pas le perfectionnement de l'outillage, ou l'amélioration des conditions techniques de la production, ou une organisation rationnelle et judicieuse de la production. L'économie nouvelle doit, à cet égard, tendre à une large unité de vues et de pratique. Mais, autant il est désirable de voir le régime des chemins de fer unifié, autant il est nécessaire de concevoir que l'ensemble de la production du charbon, — tant la production industrielle que la production familiale, — puisse être réuni sous une même direction ; autant il est intéressant de concevoir que les usines métallurgiques aient un programme d'action qui leur donne à chacune une besogne selon les lois d'une division du travail bien établie, — autant on aboutirait au gâchis et au désordre, si l'économie socialiste nouvelle ne séparait pas au point de vue de la gestion : mines, chemins de fer, industrie, métallurgie, etc.

Il s'ensuit donc inévitablement qu'il est désirable et fatal que des services de gestion séparée et autonome s'organisent les uns à côté des autres et constituent une sorte d'entité économique pour chaque branche industrielle ; cela ne veut point dire qu'entre toutes ces sortes de régies publiques, il ne doive y avoir des liens et une coordination des efforts ; et du jour où l'économie socialiste se réaliserait en son entier ou même du jour où un certain nombre d'industries serait devenu propriété collective, il serait indispensable qu'au-dessus de chacun de ces services économiques, il y ait une autorité supérieure économique nationale, une espèce de Comité supérieur des régies, dont le rôle et la fonction seraient de donner des orientations et des directives générales à l'économie du pays.

On peut du reste se demander si le caractère de ces organisations ne serait pas plutôt d'ordre financier que d'ordre industriel ou commercial. On peut concevoir une sorte de banque nationale, banque de fonction économique prépondérante, qui mettrait à la disposition de chacune des industries ou du commerce socialisé les capitaux nécessaires pour son fonctionnement, qui serait là pour assurer le contrôle de l'emploi de ces fonds, qui marquerait ses préférences pour le développement à tel moment de telle industrie nouvelle, ou pour le ralentissement de la production dans telle autre.

On peut même concevoir cette économie publique fonctionnant avant la prise du pouvoir politique par le socialisme ; on peut la concevoir, tout au moins, pour les services qui constituent déjà des organisations publiques ou pour toutes les organisations économiques qui tendent à le devenir.

Mais il est aussi un autre point de vue dont doit se préoccuper avant tout l'organisation socialiste naissante. Il n'y a pas dans le monde que des entreprises devant par elles-mêmes et en elles-mêmes trouver leurs propres ressources. Le fait d'admettre la gestion autonome des différents services de l'industrie, du commerce et de l'agriculture, de même que la spécialisation de certains d'entre eux a pour conséquence l'adoption du principe que chacun de ces services doit vivre par lui-même et que son exploitation par conséquent ne peut être déficitaire. Mais à côté précisément des entreprises industrielles, commerciales ou agricoles qui doivent trouver leurs conditions de vie dans leur organisation normale, il est dans la société d'aujourd'hui des services qui sont forcément à la charge totale de la société, ou d'autres qui le sont en partie. Dans la société socialiste, ce sera la part faite au communisme, et on peut croire que cette part deviendra plus considérable chaque jour. Un exemple suffira à marquer la difficulté du problème.

Aujourd'hui, les prix imposés par les chemins de fer, en ce qui concerne par exemple les voyageurs, sont établis suivant le nombre de kilomètres parcourus dans certaines régions ; il est vrai qu'on admet des billets pour un parcours réduit donnant droit à un nombre de voyages illimité, mais ce n'est là qu'une première tentative et une première expérience. Dans l'ensemble, le service des chemins de fer n'est pas réglé suivant le principe « A chacun selon ses besoins ». Il est possible que dans une société socialiste, il en soit vite autrement. Remarquons que, dans la société capitaliste d'aujourd'hui, c'est un fait acquis pour certains services publics, en ce qui concerne par exemple les postes : une lettre coûtant exactement le même *prix* pour aller d'un quartier à l'autre d'une même ville ou pour aller d'un bout de la France à l'autre. C'est ainsi également qu'en ce qui concerne les routes et les ponts, il n'existe plus de droits spéciaux et particulièrement de droits de péage. Il subsiste, sous une forme indirecte, des taxes de voirie, quelquefois des taxes municipales, mais celles-ci ne sont pas non plus calculées d'après l'utilité que chaque citoyen ou que chaque habitant en recueille, mais d'après un prélèvement appliqué sous une forme uniforme à tout le monde.

Or, ces services publics « communistes » déjà existants aujourd'hui et étendus demain sont à la charge de l'ensemble de la société économique ; mais qui paiera les frais d'exploitation de ces services ? On ne peut concevoir le paiement que sous la forme de l'impôt appliqué à chaque individu composoant la société ou comme un impôt s'appliquant aux entreprises elles-mêmes.

Sous la première forme, du jour où les revenus sans travail auront disparu, ce ne pourrait être alors qu'au moyen d'impôts de consommation que s'établiraient les prélèvements sociaux nécessaires à la vie des services publics, mais il n'y a rien de plus injuste que l'impôt de consommation qui frappe précisément davantage ceux qui ont le plus de besoins. Même sous le régime socialiste, où les inégalités sociales auront disparu en tant qu'iné-galités provenant du revenu sans travail et du revenu du profit, il n'en restera pas moins vrai que ce seraient les moins rétribués pour leurs efforts au profit de la communauté qui seraient le plus touchés. Il faut donc que les entreprises socialisées, mais fonctionnant sous un régime d'exploitation autonome et de responsabilité, paient les services publics « communistes ».

Il y a, par suite, lieu de penser qu'une des préoccupations de ceux qui établiront le régime socialiste sera de fixer ce prélèvement social et de déterminer comment il sera réparti par industrie, suivant quelles formes, par quels procédés et par quels moyens. Il faut donc obtenir qu'un organisme suffisamment puissant, armé de moyens d'action *ad hoc*, puisse imposer au nom de l'intérêt général la répartition qui peut frapper inégalement chacune des industries en présence ; il faut donc, au-dessus de chacune de ces gestions autonomes, un organisme d'économie nationale, représentant l'intérêt général, si l'on ne veut assister à la lutte fratricide, mais destructrice de la société, entre les différentes entreprises commerciales, industrielles et agricoles du pays et entre les différents services les représentant.

Il n'y a pas du reste que des services économiques qui soient à la charge de la société. Un des éléments les plus importants du socialisme à réaliser est en effet l'instauration totale d'un système d'assurances sociales qui permette à l'homme de se défendre contre tous les risques sociaux, c'est-à-dire la maladie, la vieillesse, la maternité, le chômage, la mort.

Or, si vraiment la société veut être digne d'être qualifiée d'humaine, si la société socialiste entend donner à l'homme en tant que tel les satisfactions auxquelles il a droit, il est incontestable que pour l'assurer contre les risques sociaux, — sans parler d'autres organisations et d'autres services d'ordre politique, intellectuel ou moral, — le prélèvement social devra être extrêmement important. Ajoutons-y, sans nous y arrêter, le service de l'enseignement, qui, lui aussi, est un service public à la charge de tous et qui, nous le pensons, devrait multiplier son activité sous toutes ses formes dans un régime socialiste véritable. Enfin il est encore un autre prélèvement social et celui-ci permanent, c'est celui qui concerne les progrès de la société, son enrichissement : c'est la part du présent, pour amortir le passé et pour organiser l'avenir ! De l'importance de ce dernier, dépendra, en réalité, le degré de la civilisation et la rapidité de l'évolution vers le progrès.

Ainsi, une des plus grandes préoccupations des organisations du régime socialiste doit être d'assurer le prélèvement social sur la vie économique : plus celui-ci sera important, plus en réalité la société sera en bonne voie et plus l'évolution sera rapide, complète en même temps que progressive d'un système collectiviste vers un système communiste, vers une société ayant pour but la répartition d'après les besoins, et non pas seulement la juste rémunération d'après l'effort.

§ VI. — LES RÉSULTATS DE L'EXPLOITATION

Du jour où les services de la société nouvelle auront acquis l'indépendance et l'autonomie dans leur exploitation, il s'ensuivra forcément qu'en fin d'année ou à une date déterminée, un bilan sera dressé ainsi qu'un compte d'exploitation pour ces services. Mais on aperçoit une différence énorme avec ce qui se passe dans la société d'aujourd'hui : les bénéfices actuels, les profits, les intérêts et les rentes ont disparu ; toutefois, un bilan, comme un compte d'exploitation, est constitué par un certain nombre d'éléments extrêmement variables et peut être influencé précisément par les principes de gestion qui sont donnés aux entreprises publiques.

Les résultats peuvent être déficitaires ou, au contraire, créditeurs, comme l'on dit en matière commerciale. Alors, deux grands problèmes se posent: s'il y a des profits, où iront-ils, serviront-ils à obtenir l'année suivante des marchandises ou des produits à meilleur compte ? S'il s'agit de tarifs, les abaissera-t-on ? Est-ce en vérité le consommateur qui, en dernière analyse, en bénéficiera, ou au contraire sont-ce les employés, les ouvriers, les producteurs, qui verront leurs conditions de travail améliorées, soit par des hausses de rémunération pour leur effort, soit par une diminution proportionnelle de leur effort de travail ? Enfin quel sacrifice fera-t-on pour les améliorations, les innovations, les expériences nouvelles ?

A notre avis, l'intérêt de la société, l'intérêt du progrès, — et pour nous, ces deux choses sont confondues dans le mot socialisme, — exigent que le but cherché soit le mieux-être, et, par conséquent, c'est vers la vie à meilleur compte et la satisfaction commode des besoins de tous que doit être orientée la société nouvelle.

Mais, dira-t-on, il peut y avoir des différences considérables entre les régies publiques distinctes, entre les services publics socialisés. A cela, il semble que deux réponses s'imposent : si, en effet, on ne donne point aux producteurs, en tant que tels, des conditions de travail semblables au moins pour les heures de travail, si on n'assure point à tous, quel que soit leur emploi, des minima de salaires, et si, pour le surplus, on n'intéresse pas le producteur au résultat de son propre effort de travail, il est à craindre qu'une lutte s'établisse entre les différents services publics, entre les différentes entreprises, entre les gestions socialisées. Nous signalons, nous y reviendrons plus loin, le danger qu'il y aurait précisément si c'était les producteurs eux-mêmes, qui, dans chacune de ces gestions, avaient en réalité la direction de l'entreprise. Au lieu de se préoccuper de l'intérêt général et du bien-être public, ils tendraient en effet à ce que l'exploitation de leurs industries et de leurs services soient au besoin plus coûteuses pour tous, pourvu qu'eux et leurs catégories sociales en recueillent les meilleurs avantages. Ce serait reconstituer une sorte de corporatisme lamentable, qui, loin de servir le progrès, aurait pour aboutissant la routine, la paresse et l'égoïsme.

Ensuite, les résultats d'une exploitation ne dépendent pas seulement de l'effort de ceux qui y travaillent, ils dépendent, pour une très large part (et pour une part d'autant plus considérable que l'entreprise a une plus large étendue et que l'évolution moderne s'accélère) de la technique employée, de l'outillage utilisé, des méthodes d'organisation, du souci d'assurer la production au mieux et dans des conditions de rendement les plus économiques.

Il nous semble que les principes de la gestion sociale peuvent se résumer dans une formule extrêmement simple : maximum de satisfaction avec minimum d'efforts ; mais il est également clair que pour aboutir à cela, l'organisation socialiste doit être prévue de telle façon que la direction soit uniquement préoccupée de l'intérêt général, qu'elle soit au-dessus de tous les intérêts corporatifs et que vraiment la propriété sociale nationale ou même que les propriétés collectives d'un autre ordre aboutissent à une gestion qui, elle, doit être, par-dessus tout, une gestion *sociale*, c'est-à-dire assurée uniquement au point de vue de l'intérêt le plus élevé et le mieux compris de la société.

CHAPITRE II

La gestion de la propriété collective

§ I. — Position de la question

Pour gérer la propriété collective, — qu'elle soit nationale, régionale, communale, — qu'elle soit sociale, corporative ou coopérative, — trois ordres de solution se présentent à l'esprit.

1º La gestion sera confiée à des représentants d'organismes d'ordre ou d'origine politique ;

2º La gestion sera confiée à des représentants d'organismes d'ordre économique, émanation des producteurs directement ou indirectement intéressés ;

3º La gestion sera confiée à des représentants d'organismes d'ordre économique, émanation des consommateurs directement ou indirectement intéressés.

Certes, on peut concevoir également la gestion de la propriété collective assurée par une collaboration de deux ou de ces trois éléments et rechercher dans quelle mesure ils peuvent ou doivent y contribuer. En admettant que l'un de ces éléments doive être prépondérant, il y a lieu d'envisager dans quelle forme et sous quelles conditions on peut tenir compte des autres.

Mais d'abord, en partant de quel point de vue y a-t-il lieu d'envisager le problème ? Quelles raisons doivent amener à préconiser une solution plutôt qu'une autre ? Est-ce d'un point de vue moral qu'il faut traiter la question ou d'un point de vue économique ? Est-ce la justice ou l'utilité qui doivent servir de critérium ?

Sans méconnaître l'importance respective des deux aspects du problème et sans en négliger aucun au cours de l'examen, il est néanmoins certain qu'avant tout il faut que la gestion de la propriété collective *puisse être, et être économiquement* : c'est la première condition, c'est la condition de vie, les autres viennent ensuite.

§ II. — La gestion d'ordre politique

Des trois solutions, la gestion d'ordre politique est évidemment celle qui a le mérite de présenter le plus grand nombre d'expériences pratiques, tant par la diversité des branches d'expérimentation que par la variété des milieux où elle a été tentée et où elle fonctionne, et également, par la diversité des époques où elle s'est produite.

Pour ne parler que de la France, les routes, les postes et télégraphes, les canaux sont des exemples d'institutions économiques, propriétés collectives nationales, et gérées sous la forme de monopoles d'Etat, c'est-à-dire directement par les représentants politiques du pays. Ce sont des exploitations

organisées, dirigées et contrôlées par le gouvernement politique. Elles sont du reste partie inté-
grante du budget politique de la nation. C'est le
gouvernement politique avec ses institutions
inhérentes qui, par l'intermédiaire de ses fonctionnaires, en assure la gestion. Mais pour être en
fait une forme d'institution fort ancienne et la plus
fréquente des exploitations de propriété collective,
les monopoles d'Etat n'en sont pas moins suscep-
tibles de fortes et sérieuses critiques.

Le principal des reproches qu'ils méritent tient
au caractère fiscal que prennent souvent la plupart
de ces monopoles. Le but poursuivi par l'Etat n'est
nullement de satisfaire aux meilleures conditions
possibles les besoins ou les désirs des consommateurs, mais bien plutôt de remplir ses caisses. Il
s'agit alors d'un véritable impôt de consommation
prélevé dans les conditions les plus certaines, sans
fraude et en toute sécurité. Dans ces conditions,
l'Etat agit ainsi que le capitalisme, il n'a d'autre
but que la recherche d'un profit privé, et n'a
aucune préoccupation du service à rendre. L'Etat
tend à produire des catégories de marchandises qui
lui sont du rapport le plus sûr et qui lui reviendront
au moins cher possible.

Mais, en ce cas, l'Etat jouit d'un avantage particulier pour se procurer ses revenus. Il est assuré de
n'avoir aucune concurrence, au moins sur le territoire national. On sait du reste comment il est
obligé de se préserver contre toutes les fraudes
intérieures ou les importations étrangères, par une

organisation de contrôle et de répression fort coûteuse, précisément parce que les prix de revient normaux de la marchandise sont majorés de la part d'impôt qu'il entend se réserver.

Avec l'accroissement des budgets et les menaces de déficit, les monopoles d'Etat gérés directement, par les gouvernements constituent, à la portée de la main de ceux-ci, une vis dont ils peuvent facilement tourner plusieurs tours pour rançonner le consommateur. Le monopole d'Etat n'est plus alors une institution économique cherchant à vivre par elle-même et pour le bien public, mais un instrument fiscal servant à l'équilibre budgétaire et à la disposition des institutions politiques du pays.

Un deuxième reproche est souvent fait aux monopoles d'Etat : c'est leur production coûteuse. Assurés d'une clientèle qui ne peut leur échapper, n'ayant aucun souci de s'occuper directement des besoins de celle-ci, ni même d'écouter ses critiques, ses observations ou ses suggestions, les monopoles d'Etat n'ont aucun aiguillon qui les conduise à réduire au minimum leurs frais d'exploitation et même leur prix de revient. Ils resteront attachés (au moins en auront-ils la tendance) aux vieux procédés techniques de fabrication, ils ne se rendront pas suffisamment compte des progrès de l'industrie intéressée et de l'effort à faire pour aboutir à présenter des variétés multiples de marchandises et à les offrir à un prix de revient minimum et avec un rendement maximum.

Mais, du reste, il est également un autre défaut que révèle la pratique générale des monopoles d'Etat. Ce ne sont pas seulement les progrès et les améliorations dans la production de l'exploitation qui sont négligés ; c'est également l'incompétence qui s'installe en maîtresse à la direction. En quoi les parlementaires sous un régime démocratique, les fonctionnaires sous un régime autocratique, en tout cas, des *hommes politiques* représentant le gouvernement et l'Etat sont-ils qualifiés pour contrôler ou diriger une institution économique qui n'a aucun rapport avec leur mode de recrutement, leur destination et leur fonction essentielle, qui est de diriger la politique du pays ?

Pourquoi les élus du suffrage universel choisis pour leurs opinions, ou les sujets d'un souverain choisis pour leur rang, seraient-ils par nature destinés à se faire industriels ou commerçants ? industriels ou commerçants pour telle ou telle marchandise, alors qu'ils ignorent les conditions de consommation et de production de celle-ci.

Au moins théoriquement, les conséquences de ce système peuvent être assez graves. Les institutions économiques sont alors gérées par des fonctionnaires forcément sans responsabilité ou, plus exactement, dont la responsabilité ne dépasse pas celle d'être d'honnêtes et loyaux serviteurs. Mais en bien des cas, qui les incitera à prendre des initiatives ? Qui les poussera à améliorer le service ? Qui les intéressera au bon rendement ? Peut-être par dévouement, par souci du devoir ou de leur mission sociale, peut-être par goût de leur métier, certains se donneront-ils à leur tâche comme des apôtres, mais le défaut est « organique », et n'oublions pas que les hommes sont les hommes.

De l'irresponsabilité, ou, plus exactement, du manque d'intérêt au développement de l'œuvre à eux confiée, il résulte inévitablement que le but de beaucoup de fonctionnaires d'Etat est non pas d'améliorer le service, mais d'éviter la critique. « Pas d'histoires » devient le mot d'ordre général ; ne pas prendre d'initiatives pour éviter les responsabilités, devient la règle ; se couvrir en toutes circonstances pour les moindres choses, voilà où l'on a abouti, c'est-à-dire à la bureaucratie avec toutes ses lenteurs, toute sa force d'inertie et d'ignorance.

Du reste, un autre mal vient parfois contaminer les monopoles d'Etat et leur gestion des propriétés collectives : c'est le favoritisme. Toute institution économique puissante occupe un nombreux personnel : personnel subalterne et personnel dirigeant. Or, n'oublions pas que l'essence même d'un gouvernement politique est de gouverner des hommes. Comment résisterait-il à ne pas choisir les dirigeants des monopoles suivant les amitiés ou les recommandations ? Comment pourrait-il faire son choix d'après les capacités, alors qu'il a à sa disposition places et prébendes qui, de tous temps, ont été un des moyens efficaces (le moyen politique et naturel) des gouvernants ?

Pourquoi le gouvernement ne placerait-il point

dans les monopoles d'Etat ses propres créatures ?
Là surtout où la démocratie fonctionne, où le
gouvernement dépend d'élus du suffrage universel,
et de suffrages généralement majoritaires, comment
ces élus ne recommanderaient-ils pas leurs électeurs ;
soit pour se les attacher, soit pour les neutraliser ?
Comment les gouvernements dépendant de ces
représentants ne tendraient-ils point à soutenir
leurs partisans, et à endormir leurs adversaires ?

Puis, si les monopoles d'Etat occupent un
grand nombre d'employés, ceux-ci deviennent forcément une force capable d'influer sur les élus
politiques et même de les faire élire. A ce moment-
là, les gestionnaires de la propriété collective ou les
agents de contrôle des deniers publics deviennent
des dirigeants sans autorité et des contrôleurs sans
force. Les interventions politiques de ceux qui ont
la gestion directe ou indirecte des monopoles
d'Etat en faveur des agents d'exécution ou contre
eux ne sont point faites pour assurer le bon fonctionnement des entreprises et la gestion la plus
économique. Ces interventions sont fatalement
déterminées par des raisons extérieures qui aboutissent souvent à l'indiscipline en haut et en bas.
La politique empoisonne alors l'organisation collective économique et l'empêche de fonctionner dans
des conditions régulières et utiles.

Enfin, il est un dernier reproche fait aux monopoles d'Etat, et qui est formulé surtout soit par la
classe ouvrière, soit par les Partis socialistes. Avec
le monopole d'Etat, disent par exemple certains

syndicalistes, les travailleurs qui sont employés obtiennent facilement, non pas par la puissance de leur organisation, mais par des influences politiques, une situation privilégiée comparativement à celle de l'ensemble de la classe ouvrière. Il s'en suit que ces travailleurs perdent tout esprit de combativité au sein de leurs organisations corporatives et abandonnent de vue leur émancipation même. Ils tendent à s'isoler de leurs camarades de la classe ouvrière et n'ont plus le sentiment de la solidarité générale du prolétariat.

Certains socialistes dénoncent ou craignent que les monopoles d'État s'identifiant aux monopoles de la bourgeoisie ne soient précisément, en raison de leur caractère de dépendance politique à l'égard des gouvernements, un moyen pour ceux-ci d'asservir davantage cette partie de la classe ouvrière qui y est employée. On retirera à celle-ci, disent-ils, toute idée d'émancipation générale, on affaiblira son sentiment de classe et on la corrompra pour en faire, avec des faveurs, une garde prolétarienne des gouvernements bourgeois.

Tels sont les divers reproches faits à la gestion de la propriété collective sous la forme de monopoles d'État. Mais sont-ils inhérents à une gestion collective par des représentants des institutions publiques, ou simplement la conséquence de ce fait qu'il s'agit de monopoles *d'État*, c'est-à-dire de monopoles *gérés par des gouvernements,* pour qui la besogne essentielle est d'assurer la continuité du régime de l'État bourgeois ?

Nombre de socialistes affirment que du jour où le parti politique du prolétariat sera maître du pouvoir, ou que tout au moins il aura aboli l'État considéré comme instrument de gouvernement et non d'administration, tous les inconvénients reprochés aux monopoles d'État actuels auront disparu. Voyons donc ce qui doit se passer dans les deux hypothèses : maîtrise politique du prolétariat et suppression de l'État en tant qu'État.

La maîtrise politique du prolétariat peut s'exercer par la majorité des électeurs dans le régime politique démocratique, ou par la prise du pouvoir par la force et son maintien par l'exercice d'une dictature, dite « dictature du prolétariat ».

Examinons d'abord l'hypothèse à la mode : celle de la « dictature du prolétariat ». Ne discutons pas ici la question de savoir ce qu'est ou doit être la dictature politique du prolétariat, si elle doit se faire par l'ensemble de celui-ci ou simplement par un des éléments qui s'arroge le droit de domestiquer l'autre. Admettons qu'un parti politique prolétarien quel qu'il soit arrive à gouverner une nation : l'Etat par là même, est-il aboli ? Voilà la vraie question. Au cas de reprise de certaines fonctions économiques par l'Etat prolétarien, les vices inhérents aux monopoles d'Etat dits bourgeois subsisteront-ils ?

On peut prétendre théoriquement que toutes les conditions anciennes sont changées et que, si l'Etat bourgeois était un moyen d'asservissement de la classe prolétarienne, il n'en sera plus ainsi. Mais la dictature prolétarienne n'a point de sens, si elle ne veut pas dire que le prolétariat, maître du pouvoir politique, utilise à ses fins propres, c'est-à-dire à l'asservissement ou plutôt à la disparition de la classe bourgeoise, les instruments du gouvernement des hommes qui étaient le propre de l'Etat, en tant que tel.

La classe au pouvoir a changé, mais les instruments pour gouverner restent les mêmes. Que s'ensuit-il donc ? Le monopole d'Etat prolétarien n'a point pour aboutissant la corruption du prolétariat au profit de la bourgeoisie, mais, si la dictature ne s'exerce que par une partie du prolérariat, et non pas par sa totalité, il s'ensuivra inévitablement que la fraction au pouvoir se servira des monopoles d'Etat pour conserver sa puissance et par les mêmes méthodes. La liberté d'expression des travailleurs sera viciée à sa base.

Même si la dictature se fait au nom du prolétariat tout entier, à des degrés plus grands encore qu'avec l'Etat bourgeois, la dépendance des gouvernements à l'égard de leurs mandants n'aboutira-t-elle pas à des interventions sur la direction de l'organisation économique par les mandataires politiques ? L'indiscipline, le manque de sanctions en haut et en bas de l'échelle ne conduiront-ils pas davantage au désordre et à l'inorganisation ?

Si le monopole d'Etat dans le système capitaliste peut aboutir au favoritisme, c'est encore vrai

dans l'Etat prolétarien. Le choix des hommes ne
sera pas inspiré par la seule préoccupation des
capacités ou des compétences. Du moment où
l'Etat prolétarien est organisé d'après une représentation politique, qui, pour se maintenir et
également pour se préserver, a besoin d'influences,
le favoritisme est inévitable. L'Etat prolétarien
est même davantage à la merci des influences,
puisque les intéressés sont les travailleurs, les
mandants directs, sur le terrain politique, des
dirigeants de l'Etat et des monopoles. Il ne suffi-
rait donc pas de qualifier les monopoles d'Etat
de régies prolétariennes ou de services sociaux
pour en changer en quoi que ce soit le caractère,
si l'organisation de la gestion reste la même.

Mais, dira-t-on, il n'y a pas que l'hypothèse
de la dictature. Au cas où la classe ouvrière
politiquement considérée serait appelée au pouvoir, elle pourrait s'appuyer sur le suffrage universel et la démocratie. Cela est vrai, mais si, au
lieu de la dictature de la force, il y a un gouvernement politique des majorités, tous les reproches
faits aux monopoles d'Etat de la bourgeoisie n'en
restent pas moins valables. Est-ce que cet avènement de la classe ouvrière évitera les méthodes de
corruption attenantes au gouvernement des
hommes ? Est-ce qu'il réduira le favoritisme,
empêchera l'absence d'ordre ou de discipline ? A
point de vue, dictature et gouvernement des
majorités d'origine prolétarienne ont les mêmes
aboutissants.

La vérité, c'est que la différence n'est pas sensible entre le monopole d'Etat bourgeois et le monopole d'Etat prolétarien. Evitera-t-on par exemple que souvent l'on ne songe à combler les déficits des budgets par les ressources des monopoles, au lieu de diriger celles-ci vers les améliorations du service public organisé ou l'extension des besoins à satisfaire ? Ecartera-t-on la bureaucratie avec son cortège, l'irresponsabilité des fonctionnaires, le manque d'initiative des dirigeants politiques ?

Il est vrai que des socialistes répondent à cela que le prolétariat entend prendre le pouvoir, non pas pour continuer l'Etat, comme tel, mais tout au contraire pour le démolir. Les uns rappelleront à ce propos que la dictature du prolétariat ne doit être pour eux que passagère et se perpétuer seulement jusqu'au jour où la transformation sociale permettra la substitution de l'administration des choses au gouvernement des hommes. Les autres prétendent même que détruire l'Etat comme tel, avec tous ses attributs historiques, est le premier but politique du socialisme et de la classe ouvrière maîtresse du pouvoir politique.

Mais en attendant que le passage de la société actuelle à la société socialiste s'effectue (il peut durer longtemps, certains prétendent des siècles), il n'en reste pas moins vraisemblable que l'organisation politique et sa représentation continueront à administrer la propriété collective et à la gérer. Or, si l'on paraît admettre, dans cette nouvelle hypothèse, que quelques-uns des effets les plus déplorables de la gestion du monopole d'Etat bourgeois auront disparu, il n'en restera pas moins que c'est encore la politique qui dirigera l'économique. Or, il importe de s'élever contre cette méthode et contre toutes les erreurs qu'elle entraîne ; le résultat essentiel d'une solution de ce genre est que le but de la gestion n'est pas la satisfaction maxima des besoins pour le minimum d'efforts. Cette idée implique d'autres considérations ; la gestion est influencée par des préoccupations extérieures qui n'ont rien à voir avec l'objet et le but d'une entreprise économique. La véritable raison et la cause profonde pour condamner la gestion de la propriété collective par les représentants politiques, réside dans ce fait essentiel : la politique se sert de moyens gouvernementaux légaux, qui sont d'ordre juridique ; mais on ne crée pas et on ne fait pas vivre une société économique avec des textes et des décrets. On peut détruire, et à condition encore d'utiliser les forces de coercition, c'est-à-dire les forces de l'Etat ; mais un monde économique doit trouver en lui ses forces vives de création et d'action. Le domaine politique est là seulement pour consacrer juridiquement ou systématiser les évolutions accomplies dans le domaine économique. L'action économique est surtout constructive, l'action politique destructive. Confier la gestion de la propriété collective aux représentants de cette dernière serait contraire à l'utilité sociale.

Rappelons que le socialisme a toujours eu la prétention de ne pas être confondu avec l'étatisme qui est, pour les sociétés, l'organisation politique de la domination d'une classe sur une autre classe. L'Etat, c'est l'Etat-pouvoir, l'Etat-gouvernement, l'Etat-gendarme ; le socialisme n'a cessé de dénoncer les méfaits de l'Etat : il voit en lui l'instrument mis aux mains de la bourgeoisie pour river les chaînes du prolétariat. Certes, beaucoup de socialistes ont accepté, et même parfois réclamé l'extension des attributions économiques de l'Etat ; mais il en est certains qui, avec une logique rigoureuse, sont allés jusqu'à repousser le retour à l'Etat de certaines entreprises privées. Ils prétendent qu'ainsi on fortifierait la puissance de la bourgeoisie et que l'on retarderait l'heure de l'émancipation de la classe ouvrière.

En tout cas, tous se sont efforcés de marquer la distinction fondamentale qu'il y avait entre étatisation et socialisation. Il faut reconnaître du reste qu'ils ont été en général mal entendus par leurs adversaires, qui, malgré leurs dénégations, ont la plupart du temps obstinément mélangé les deux principes et ont cru définitivement pour fendre le socialisme en accumulant leurs critiques contre la gestion économique de l'Etat. Un livre comme celui de Vandervelde, socialiste belge, ancien Président de l'Internationale et leader du parti socialiste belge : *l'Etat contre la Nation* (1), dont le titre

____

(1) Paris, 1918, in-18.

provocant est tout un programme, a cependant contribué à faire réfléchir et à préciser la pensée socialiste à ce point de vue.

Du reste, les socialistes qui se sont prononcés pour le rachat de monopoles par l'Etat n'en ont pas moins marqué toute la faiblesse d'une exploitation viciée pour eux jusque dans sa base, en raison même de la présence ou de la survivance de l'Etat de classe. Les étatisations sont pour eux de simples étapes à franchir pour passer de la propriété privée à la propriété sociale, de la gestion autocratique du régime capitaliste à la gestion démocratique de la cité socialiste. Pour les uns, elles doivent accélérer l'heure de la prise totale du pouvoir politique, et par conséquent de la main mise sur l'Etat bourgeois par le prolétariat. Quant aux autres, c'est-à-dire les socialistes qui ne subordonnent pas à cet acte toute réalisation au moins partielle du socialisme, ils ne sont pas les moins ardents à dénoncer la gestion étatique des institutions économiques, même quand ils la préféraient et la préfèrent à la gestion privée du capitalisme actuel. Ils prétendent seulement que quelques-uns des défauts reprochés aux monopoles d'Etat, même de l'Etat bourgeois, peuvent être écartés ou diminués considérablement.

A tout prendre et dans certaines conditions, il n'y a pas lieu de préférer les monopoles d'Etat aux exploitations privées du régime capitaliste. Les monopoles sont seulement un moyen de préparer le socialisme, un prélude à son fonctionnement total, car ce sont des organismes qui, en soi, créent de la propriété sociale et suppriment les revenus sans travail.

Les socialistes peuvent donc nettement se prononcer pour le monopole d'Etat contre la gestion privée, mais en en estimant tous les défauts, toutes les erreurs et en marquant que la conception socialiste de la gestion de la propriété collective ne peut pas être confondue avec ce qui ne serait que textuellement sa caricature.

§ III. — LA GESTION ÉCONOMIQUE DE LA PROPRIÉTÉ COLLECTIVE

Si l'on écarte la solution de la gestion de la propriété collective par des organismes ou des représentants d'ordre politique, il reste à choisir entre les diverses catégories économiques, leurs organismes et leurs représentants.

Or, la vie économique est faite de deux actes : consommer et produire. Sans doute, tout le monde consomme ; et certes dans la société capitaliste, il en est qui ne produisent pas ou qui ne produisent qu'une part de ce qu'ils consomment, mais s'il semble inévitable que dans une société rationnellement organisée (et telle est la prétention d'une société socialiste), chacun devra produire, s'il y est apte, pour avoir droit à consommer, il n'en est pas moins vrai que l'on ne produit que pour consommer et que le but de la vie économique doit être la consommation. Dès lors, deux solutions peuvent se présenter pour la gestion de la propriété collective : ce seront les consommateurs ou les producteurs qui doivent gérer. Nous sommes ici au nœud même de la plus importante et la plus immédiate que le socialisme se doit de résoudre. — Examinons les deux thèses.

1º *La gestion de la propriété collective par les producteurs.*

Il n'y a aucun doute que cette conception est celle qui, aujourd'hui, est la plus ancrée dans les cerveaux des militants et des masses socialistes.

Pour la plupart des travailleurs, l'idée instinctive qu'ils se font du socialisme est la reprise des instruments de production et d'échange, — usines, ateliers de fabrication, — reprise faite au capitalisme. Ils espèrent dans l'avènement d'une société où ils seront les maîtres en tant que travailleurs, c'est-à-dire en tant que producteurs, et où ils gèreront directement les ateliers, fabriques ou usines. Il faut bien dire que cette conception a été propagée par les militants et les éducateurs socialistes. Tout au moins, elle apparaissait comme la solution logique de la critique traditionnelle du régime capitaliste et comme une conséquence de l'appel fait aux travailleurs et producteurs pour s'organiser, pour lutter contre le capitalisme, pour préparer leur émancipation, en se formant en Parti de classe. Elle était, sinon dans les termes, au moins dans la logique générale des exposés doctrinaires. Elle pouvait tout au moins en être l'apparente conclusion.

Il n'est pourtant point sûr que le socialisme ait jamais voulu entendre que la société nouvelle serait une société de propriété collective gérée par les producteurs en tant que tels : « Travailleurs, unissez-vous » ; « l'émancipation des travailleurs sera l'œuvre des travailleurs eux-mêmes », ces formules signifient que, pour parvenir à établir la société socialiste, les producteurs, les salariés et les prolétaires n'ont qu'à compter sur eux-mêmes, que leur mission historique est d'accomplir la transformation sociale, mais nul doute qu'il s'agissait d'accomplir une émancipation humaine au profit de tous et, par là-même, cela pouvait signifier tout autre chose que l'institution d'une société gérée par les producteurs.

Du reste, la force avec laquelle les socialistes les plus instruits et les plus avertis entendaient ne pas vouloir confondre leur idéal avec celui des associations de producteurs ou s'élevaient contre des formes simplistes d'organisation, telles que la mine aux mineurs, le tissage aux tisserands, etc., semble bien indiquer un point de vue contraire. Ou plus exactement, ils entendaient marquer que la revendication de la propriété collective était d'ordre social et ne tendait pas à donner la propriété à une association limitée de producteurs, mais à la société tout entière. S'agissait-il par là-même de se prononcer contre la solution de la gestion directe par les producteurs, c'est peut-être une autre question.

En vérité, Parti et écrivains socialistes n'ont pas

semblé en général avoir définitivement fixé leur pensée et mûri leur opinion sur ce point. Mais l'exposé doctrinaire et la tournure d'esprit des socialistes conduisaient fatalement à cette hypothèse, et, en tout cas, les masses étaient naturellement amenées à cette interprétation.

Du reste, dans la mesure où le prolétariat est devenu maître du pouvoir, en Russie, en Allemagne, en Hongrie, en Autriche, en Tchécoslovaquie, c'est uniquement avec cette conception qu'on a essayé de réaliser le socialisme. C'est même celle des socialistes des pays où leur force politique a simplement permis d'influer sur les gouvernements bourgeois. Elle se marque dans les projets présentés, dans des transformations économiques obtenues ou tentées.

Enfin, plus nettement que le socialisme politique, le syndicalisme a défini et officiellement préconisé sa conception de la gestion de la propriété collective par les producteurs. La Confédération Générale du Travail, l'organisme central des syndicats ouvriers français, a depuis longtemps, par l'organe de ses militants, émis cette doctrine sociale. C'est la conception syndicaliste qui, précisément, a pris à son compte cette idée. Voici ce que disait, en 1906, le Congrès de la C. G. T. à Amiens : « Le Congrès considère que le syndicat, aujourd'hui groupement de résistance, sera, dans l'avenir, le groupe de répartition et de production, base de l'organisation sociale ».

Or, le syndicat est, par sa nature même, l'association des travailleurs en tant que producteurs ; du reste, un Congrès récent de la C. G. T., celui de Lyon, en septembre 1919, confirmait la théorie, en précisant encore davantage : « Le syndicalisme réalise un monde nouveau suivant ses conceptions propres avec les *organismes qu'il aura lui-même créés* et dont le caractère essentiel doit être de donner aux *forces de production* la direction et le contrôle de l'économie ouvrière ».

Aucun doute ne peut donc subsister. Certes, le Conseil économique du travail, émanation de la C. G. T., a abouti en ces temps derniers à des solutions un peu différentes, que nous examinerons plus loin à propos des nationalisations des mines ou des chemins de fer, mais ces projets contiennent en réalité des concessions aux temps et aux circonstances. La pure doctrine syndicaliste reste bien celle énoncée ci-dessus, elle se résume dans cette formule : « gestion de la propriété collective par les producteurs, leurs groupements, leurs représentants ».

Cette thèse est encore tout entière dans les discours quotidiens des principaux militants de la Confédération Générale du Travail. Elle se marque sous sa forme la plus accentuée dans les plus récents ouvrages, particulièrement dans celui de Jouhaux(1), dans celui de Franck *Le Travail au pouvoir* (2).

Mais que signifie exactement cette conception

------

(1) Paris, 1919, in-18.
(2) Paris, 1920, in-18.

de la société nouvelle ? Il ne suffit pas de dire que
le syndicat sera le groupe de production et de répartition, il ne suffit pas d'opposer la conception de
« l'atelier social » à la pensée de la gestion corporative de l'atelier, appartenant à ceux qui y travaillent, il faut entrer plus à fond dans l'examen du
problème (1).

Qu'est donc l'« atelier social »? Qu'est le syndicat,
organe de production et de répartition ? Il est
bien entendu que la propriété des instruments de
travail, des moyens de production, doit être sociale :
la mine doit être à la nation, et non aux mineurs, et
ceci est également vrai des chemins de fer, des
fabriques, des usines ou des ateliers. Mais d'après
les partisans du syndicalisme doctrinaire et aussi
peut-être dans l'instinct de beaucoup de socialistes,
la propriété est bien sociale, mais la gestion économique est confiée aux producteurs, à leurs organismes ou à leurs mandants.

Seulement la question se pose de savoir comment
pareille société pourra-t-elle fonctionner ? Dans
quelle mesure chaque atelier se gérera-t-il par

---

(1) Nous craignons un peu pour notre part de faire une
critique inexacte à ce point de vue, car il nous apparaît que
militants, écrivains et doctrinaires ne sont pas allés bien
loin « dans leurs explications ». La faute en tout cas n'en
serait pas à nous, mais aux partisans de cette conception qui
n'ont pas poussé plus loin leurs études. Naturellement,
nous négligerons les prophéties ou les rêves souvent enfan-
tins de ceux qui ont décrit la société future comme dans une
image d'Epinal mais n'ont fait faire aucun pas à l'explica-
tion des thèses syndicalistes et n'ont donné aucun éclair-
cissement véritable.

rapport aux autres, chaque usine par rapport aux autres, chaque industrie par rapport aux autres ? Quel sera le degré « d'autonomie » de chacune ? Qui fixera la qualité et la quantité des marchandises et denrées à produire ? Qui fixera les prix ou la valeur (en admettant que la monnaie ait disparu) ? Qui déterminera les transformations de l'outillage, l'achat des matières premières, l'utilisation des méthodes techniques ? Qui fixera les rémunérations du travail, les conditions du travailleur ? En un mot, qui organisera, qui dirigera ?

Et puisqu'on parle forcément de répartition, quel sera alors le rôle des entreprises de ce genre ? Seront-elles là seulement pour tenir « comptoir » de tous objets et mettre les consommateurs devant les résultats du travail, sans que ceux-ci puissent rien dire de leurs goûts, de leurs aspirations et de leurs besoins ?

Jusqu'ici, il n'a point, en fait, été répondu à toutes ces questions, et l'on se contente de dire qu'il faut aboutir, dit-on, pour la gestion collective des producteurs, à créer une organisation centralisée, gérée par les représentants des diverses corporations, à une sorte de monde économique dont le centre sera la C. G. T., l'organisation centrale des syndicats.

On peut imaginer un système semblable, mais constatons tout d'abord qu'il est impossible de trouver une image expérimentale d'une pareille organisation, car les associations de producteurs, ainsi que les coopératives de travail, telles qu'elles fonctionnent en Italie, même généralisées, sont dénuées de tout effort de coordination et elles sont du reste considérées, par les défenseurs même de cette thèse, comme une caricature de la gestion des producteurs.

D'autre part, les objections les plus graves et les plus fortes à ce concept peuvent être faites de différents points de vue.

Ne devons-nous pas condamner d'abord dans la question des producteurs tout ce qui serait affaiblissement de la production ? S'il s'agissait de gestion par des groupements de producteurs autonomes, produisant comme dans les sociétés capitalistes et s'occupant de tel métier, de telle entreprise, il faudrait admettre qu'ils se concurrenceraient entre eux, et ce serait un résultat lamentable. C'est au contraire vers la centralisation, par la division du travail, que doit être cherchée une production méthodique, une production organique et décuplée.

S'agit-il au contraire d'une société où les différents corps de métiers, les différentes branches d'industrie constitueront, par leurs représentants, l'organe de centralisation et d'organisation générale de l'économie ? C'est alors remettre aux producteurs ou à leurs représentants la gestion économique du pays ; c'est en réalité confier la gestion du régime économique à la représentation des *corporations*. Dans ce cas, que verra-t-on ?

Chaque corporation essaiera de tirer la couverture à soi et d'obtenir dans l'ensemble les meilleures conditions de production particulière, c'est-à-dire les plus faciles à réaliser pour elle et les moins avantageuses pour l'ensemble. Ainsi, la formule d'activité de chacune et, si l'on considère l'ensemble, la formule d'activité de toutes (car il ne s'agira que d'additionner des intérêts du même genre) aboutiront forcément à un ralentissement de la production. Loin de tendre à activer le progrès technique, le caractère de la nouvelle société sera une production dans les moins bonnes conditions, et la véritable émulation consistera, par la division des intérêts corporatifs, à tirer pour chaque corporation le meilleur parti des circonstances qui pourraient la favoriser.

Passons sur ce qu'il y aurait d'abominable dans les luttes fratricides qui ne manqueraient pas de se produire, non plus entre capitalistes, mais entre groupements corporatifs ouvriers, chacun tendant à se tailler, au détriment de l'ensemble, la situation sociale la meilleure, dans les déchirements continuels, les ententes entre certaines corporations contre d'autres, du haut en bas de l'échelle des organismes. Il en serait sûrement ainsi, même si au lieu de corporations de métier, on opposait industries à industries, ou industries à commerce, ou commerce à agriculture. Loin d'avoir créé l'harmonie sociale, le monde nouveau serait cruellement déchiré, sans que, pour ainsi dire, il y ait possibilité d'un arbitrage supérieur et désintéressé des différents inté-

rêts corporatifs, sans qu'une autorité morale et
sociale puisse s'imposer, sans qu'aucune force
coercitive s'affirme, puisque ce serait le règne
des producteurs, et exclusivement des producteurs.

S'agirait-il même de concevoir telle ou telle industrie ou usine comme devant vivre par elle-même,
fixant les tarifs, établissant la valeur des marchandises et leurs prix? Les producteurs tendraient,
dans chaque corporation, à élever ceux-ci. Plus
les prix seraient hauts, plus leur situation serait
meilleure. On verrait bientôt du reste chaque
corporation incriminer une autre d'avoir une situation privilégiée, et on assisterait même aussi à la
révolte de plusieurs d'entre elles contre toutes les
autres ou quelques autres.

S'agirait-il d'une direction donnée par la C. G. T.?
L'ensemble des intérêts particuliers de toutes les
corporations, même réunis, ne peut se confondre
avec l'intérêt général. Du reste, il est sûr que
l'intérêt de la production ne serait nullement cherché par les producteurs, maîtres de la gestion de
la propriété collective. La production et les producteurs sont deux choses différentes. Par exemple,
la corporation des mineurs songerait à réclamer
le prix du charbon le plus haut pour avoir
la gestion la plus facile et la situation corporative
la plus désirable. Les cheminots auraient une tendance inévitable à augmenter les tarifs des chemins de fer. Il n'y aurait pas une seule corpora-

tion mue par l'idée du progrès technique, dans sa sphère, son métier ou son industrie.

Dira-t-on que la conscience du producteur et des diverses catégories de producteurs leur permettra peu à peu de s'élever au-dessus de leurs intérêts ? Mais la nature humaine est la nature humaine. Que les intérêts privés concordent avec l'intérêt général, et tout va bien, mais s'ils sont opposés ou au moins sans concordance, il n'y a point de conscience qui tienne, pas plus dans la société d'aujourd'hui que dans la société de demain. Il faudrait pour cela une humanité tout autre. Nous ne savons même pas si celle-ci serait désirable, car, au point de vue économique, il faut des ressorts à l'activité qui ne soient pas simplement d'ordre moral. En tout cas, l'humanité actuelle, avec laquelle il faut agir et construire le monde économique, n'est pas telle que l'imagine l'utopie syndicaliste.

Sans doute, à mesure que les organismes de production seraient d'un degré plus élevé et que les intéressés directs seraient moins appelés à donner leur opinion, le conflit entre les intérêts particuliers et généraux pourrait être moins apparent, mais en vérité, c'est le système lui-même qui serait vicieux et défectueux à sa base.

2º *La gestion des techniciens.*

Pour éviter l'écueil, on propose que la direction des entreprises soit confiée non aux producteurs véritables, mais aux techniciens, aux compétences. Mais alors, comment seront-ils choisis ? S'ils sont choisis par l'ensemble des producteurs, on revient à l'hypothèse précédente, avec les mêmes défauts. Sinon, on aboutit à l'omnipotence des techniciens et des compétences, à la gestion d'une société où ils constitueraient une véritable aristocratie nouvelle. Il semble qu'en ces derniers temps, c'est vers cette conception que les partisans de la gestion collective par les producteurs se soient dirigés. On a même fait remarquer à ce propos toute la différence qu'il y avait entre le monopole d'État, où règne, en général, l'incompétence, et ce règne des techniciens et des compétences. Encore faut-il s'en expliquer ?

Nul doute que cette théorie ne trouve beaucoup d'approbations parmi les intéressés, mais en admettant qu'au moins la direction ainsi constituée soit possible, écartera-t-elle tous les dangers signalés plus haut et ne contient-elle pas en elle-même des inconvénients assez graves ?

Et d'abord, il est plus que certain que les masses des producteurs manuels n'accepteront pas cette nouvelle oligarchie. Sans parler du vieil état d'esprit contre les hommes de bureau, de paperasserie et de science, on peut tout de même se demander, pour la direction des entreprises, d'après quels critères se reconnaîtraient entre eux les techniciens et les compétents. On aboutirait rapidement à des luttes intestines, à des rivalités de catégories entre compétents et techniciens. Ils s'opposeraient, dans chaque métier ou dans chaque industrie, les uns aux autres. Là encore, il y a la nature humaine, et l'expérience semble avoir prouvé que les contremaîtres et les chefs d'exploitation n'ont jamais échappé et n'échapperont pas davantage, à l'avenir, à l'empire des intérêts particuliers.

Si l'on veut admettre qu'un technicien ou qu'un compétent sera élu directement ou indirectement, dans chaque corporation, par des représentants des producteurs, c'est alors beaucoup plus grave : la politique de favoritisme s'introduit, alors qu'on doit l'éloigner d'une bonne administration des choses, qui est l'essence même, ou devrait être l'essence même de la gestion de la propriété collective.

Du reste, il n'est nullement sûr, si les techniciens avaient le souci de l'administration des choses, s'ils étaient maîtres des choses, du développement de chaque branche économique et des progrès matériels, qu'ils n'entendraient pas moins favoriser leur profession par rapport aux autres, car n'est-ce pas dans le milieu des techniciens que l'on trouve au plus suprême degré l'esprit de caste, de coterie ou de chapelle, le corporatisme ?

Eux aussi, pour démontrer leur bonne gestion, tendraient à élever les tarifs au plus haut, ils conduiraient en tout cas l'industrie dont ils seraient chargés vers le maximum de rendement, mais sans se soucier davantage des services à rendre. Leur apparaîtrait-il possible d'augmenter la possibilité de satisfaire les besoins ou d'étendre les services. ils ne le tenteraient pas toujours, si par là devait diminuer le rendement. Leur fonction, leur origine et leur rôle les en empêcheraient.

Enfin, au point de vue social, on peut se demander si les compétences et la technique doivent être appelées à constituer l'élément directeur d'une société économique. Techniciens et compétences sont-ils en effet véritablement faits pour la direction économique de la société ? Le fait que les intéressés y aspirent souvent ne suffit point à le démontrer. Dans la société d'aujourd'hui, très souvent du reste, direction et technique se confondent, et les choses n'en vont pas mieux pour cela. Nous pensons au contraire que pour la bonne marche des choses et dans une pensée scientifique de division du travail, il importe que la direction des entreprises soit une chose, la technique et la compétence une autre.

Dans le domaine politique, nous avons eu l'exemple de techniciens que l'on a appelés pour différents motifs à la direction des affaires : il n'est nullement apparu que le résultat fût en général brillant. Le régime des compétences, après avoir été tout à fait à la mode, a perdu beaucoup de terrain et pour cause. Le technicien ou l'homme compétent se restreint forcément à ses préoccupations particulières. Par esprit de précision, il est conduit peu à peu à négliger l'idée générale. Le détail prend les devants sur l'ensemble. Puis, et c'est là le point principal, la direction économique n'est-elle pas une technique en soi complètement différente de toutes les autres techniques? La technique de la direction ne réclame-t-elle pas des qualités d'ordre moral et physiologique qui n'ont rien à voir avec la précision scientifique? Les grands capitaines d'industrie ont souvent été des techniciens médiocres, quand ils l'étaient.

Le monde économique nouveau devrait donc aboutir à une direction économique fâcheuse ou insuffisante, au cas où celle-ci aurait pour origine des mandats donnés par des éléments de la production ; il faut chercher une autre solution sans se préoccuper de la technique ou de la compétence spécialisée.

A coup sûr, une direction économique, aujourd'hui comme demain, doit s'inspirer des conseils et des renseignements donnés par des techniciens et des compétences. Il doit être tenu le plus grand compte de ces avis, mais la responsabilité des décisions et des résolutions doit être ailleurs et elle est différente.

Il y a donc bien des raisons pour écarter la gestion de la propriété collective par les producteurs ou leurs mandants. La dernière, et qui n'est pas la moins forte, c'est que la doctrine de cette forme de gestion ne s'appuie sur aucun fait d'expérience. Il faudrait attendre le lendemain de la conquête du pouvoir politique ou d'une révo-

lution économique pour sa réalisation, même partielle. Certes, l'action syndicale aboutissant au
contrôle sur les ateliers, les métiers, les industries
est fort utile pour préparer les travailleurs à la
connaissance, non seulement de leur travail, mais
des conditions générales de la production. Toutefois,
il s'agit là de contrôle et même d'une organisation de défense que de la gestion proprement dite.
Ce n'est, ni de près, ni de loin une préparation à
celle-ci. L'expérience des Conseils d'entreprises,
qui vient d'être tentée en différents pays, et particulièrement en Allemagne, ont montré que ces
institutions, fort désirables pour établir le contrôle
ouvrier sur les conditions du travail, avaient
lamentablement échoué pour la part de gestion
que l'on avait voulu leur confier.

L'hypothèse si courante, si facilement admise de
la gestion collective par les producteurs est due
en réalité à deux causes : la société capitaliste
aboutit à l'organisation des travailleurs qui se
placent pour leur défense sur le terrain de classe.
C'est là une nécessité des conditions de lutte pour
renverser le régime existant. Forcément, on est
amené à croire que les éléments de la construction
sociale nouvelle se placent sur le même terrain, et
l'on commet une erreur. C'est, en effet, cette
croyance issue de la société capitaliste et de formes
d'action, qui, se prolongeant au delà-même de la
société actuelle, influent sur la constitution des
idéologies nouvelles.

La deuxième cause de succès de cette hypothèse

est encore de même origine. Le monde capitaliste
repose sur une économie de la production et du
producteur, qui n'est que le régime de la course au
profit privé. Les problèmes de production seuls
l'intéressent, car la production capitaliste est la
source des revenus sans travail ; mais la propriété
collective gérée sans profit ne doit pas être conçue au
point de vue du rendement à tout prix, mais, préalablement et par-dessus tout, du besoin à satisfaire.

3° *La gestion du consommateur.*

La deuxième hypothèse : la gestion de la propriété collective des moyens de production et
d'échange par les consommateurs, telle que l'entend
l'idéal socialiste, se conçoit facilement sous la forme
d'une vaste société coopérative de consommation,
d'une société nationale ayant des ramifications dans
toutes les localités d'un pays et assurant, par ses
établissements, la totale répartition de toutes les
marchandises, satisfaisant à tous les besoins, nour-
riture, habillement, ameublement, logement, etc., et
même à des besoins moraux, théâtres, fêtes, etc.

Cette société posséderait non seulement la
totalité des institutions destinées à se substituer
au commerce privé de détail et de gros, mais
encore les institutions financières, industrielles et
agricoles qui lui assureraient la production de
toutes les richesses dont elle aurait besoin pour faire
face à la consommation complète du pays.

Remarquons que cette solution peut, à un moment donné, se présenter, non pas seulement sous

une forme nationale, mais sous une forme international. En ce cas, les échanges entre pays seraient assurés par l'intermédiaire d'une coopérative internationale, composée elle-même de toutes les sociétés coopératives nationales.

L'administration de cette société pourrait du reste être fortement centralisée ou largement décentralisée sans que le principe même de son existence soit mis en jeu. Le problème de l'administration locale, départementale ou nationale est important, les solutions, variables et dans le temps et dans l'espace, peuvent être recherchées, mais il n'y a pas dans l'unité même de cette organisation d'obstacle à des solutions différentes au point de vue de son règlement intérieur.

Naturellement, cette gestion des consommateurs doit s'interpréter par l'existence d'un organisme ouvert à tous, quelles que soient leurs opinions ou leur profession. La direction dépendrait en fait à des degrés divers des assemblées générales, et de ceux qui la composeraient. On peut imaginer que des conseils locaux, des conseils régionaux et des conseils nationaux existeraient simultanément. La direction générale de l'économie nouvelle appartiendrait au Collège supérieur créé directement par l'ensemble des consommateurs ou formé — et c'est ce qui conviendrait le mieux à un régime d'administration des choses — avec la collaboration des représentants des organismes des degrés inférieurs, régionaux ou locaux.

L'économie nationale pourrait reposer en fait

sur un régime bancaire qui aurait à déterminer pour chaque industrie les conditions mêmes de son existence et de son développement. La société nouvelle apparaîtrait ainsi comme la gestion d'une banque nationale des consommateurs ayant à sa disposition les organes de répartition d'une part, et d'autre part, chacune des branches de la production spécialisée par elle et pour elle.

Avec un pareil système, il est facile de voir comment s'établiraient le prix des marchandises, la qualité et la quantité des produits à fabriquer. La responsabilité de la société serait tout entière aux élus directs ou indirects des consommateurs, mais ces conseils devraient précisément établir leurs organisations de production en fixant la responsabilité de chacune des branches de la production vis-à-vis d'eux.

La solution proposée présente un premier avantage, c'est de s'appuyer déjà en partie sur l'expérience du mouvement des coopératives de consommation, telles qu'elles existent aujourd'hui dans le monde. Non seulement ce laboratoire permanent pour la réalisation de l'hypothèse offre un merveilleux champ d'expériences possibles, et, par là, une mise au point des solutions préconisées; mais l'importance du mouvement, sa réussite incessante dans tous les pays et sous toutes les latitudes, son adaptation à tous les milieux naturels et sociaux, sont un garant de la réalisation de l'hypothèse. A des degrés divers, suivant l'état d'évolution des forces coopératives, pour une part déjà importante, des expériences se sont déjà produites dans tous les domaines et pour la solution des principaux problèmes d'organisation d'une société socialiste régie par les consommateurs.

Pour être des « microcosmes » d'une société future, les expériences coopératives n'en contiennent pas moins tous les éléments de la solution totale ; les problèmes de répartition aussi bien que les problèmes de production ont été posés et résolus ; la place respective de l'administration et des compétences techniques a été envisagée et solutionnée. L'interdépendance des différents services, financiers, commerciaux et industriels a été l'objet d'expériences. La situation, le rôle du producteur en face de cette « république des consommateurs » est l'objet de l'examen de chaque jour. Les décisions et résolutions du mouvement coopératif à la recherche d'une organisation de la société nouvelle reposant sur la souveraineté du consommateur sont, pour ainsi dire, autant de données presque scientifiques.

Certains coopérateurs affirment même que cette solution de la question sociale est le résultat inévitable de l'évolution naturelle du mouvement coopératif. Ils prétendent qu'une « république coopérative » est pour ainsi dire d'ordre « naturel » et que les lois économiques qui régissent la coopération : lois organiques ou dynamiques ; lois d'organisation interne et d'évolution progressive, conduisent sûrement et pour ainsi dire scientifiquement à cette solution (1). Pour eux, le mouve-

____

(1) Je me permets de renvoyer à cet égard à mon livre, *La République coopérative*. Paris, 1920, in-18.

ment coopératif se présente comme contenant en germe la solution de la question sociale. Pour eux, elle s'accomplit par son auto-développement intégral. La gestion du consommateur serait donc la solution historique de l'évolution économique, mais nous n'avons pas ici à juger de cette thèse. Examinons seulement quel caractère entraînerait, au point de vue économique et moral, la gestion de la propriété commune par les consommateurs.

Le premier caractère d'une gestion par les consommateurs associés réside dans l'organisation de la production par la consommation. En cela, la nouvelle gestion économique est à l'opposé de la société capitaliste. Actuellement, le ressort de la vie et de l'évolution économique actuelle, c'est la production. Toute entreprise est l'œuvre d'un homme ou d'une société d'hommes, elle ne se constitue, n'agit que mue par un but : le profit ou l'intérêt dans le procès de production. Ce profit a pour origine le véritable monopole que possède celui qui détient le capital, c'est-à-dire l'instrument de travail, le moyen de production. De là, une conséquence : on produit pour produire, sans même rechercher si la production correspond à une consommation certaine ou à un besoin déterminé.

De là, du reste, les crises profondes, fréquentes, répétées, pour ainsi dire permanentes de surproduction.

La gestion économique de la société par les consommateurs associés se différencie complètement de ce régime. L'utilisation des forces productrices, leur diversité, leur étendue sont commandées par la volonté des consommateurs. L'espèce et la qualité des marchandises et des produits sont fixées par eux. Jusqu'ici, la consommation consommait ce qu'on voulait bien lui offrir. On ne lui offrait que ce que l'entreprise capitaliste croyait pouvoir produire pour son profit. Du jour où la consommation organise la production pour elle-même, le coût de production, composé des frais généraux, du prix des matières premières, des frais de salaires et des amortissements, devient la base de l'établissement des prix.

Pour s'imaginer la production organisée par la consommation et rechercher les rouages qui l'assurent, il n'est guère besoin de se livrer à un effort immense d'imagination ou à une construction spéculative *à priori*. Pour se rendre compte de ce que serait une gestion économique générale des consommateurs, il suffit d'examiner l'organisation de tous les magasins de gros coopératifs dans le monde. Rappelons l'admirable leçon de choses et le vaste champ d'expériences que fournit à ce point de vue la coopération anglaise. Le *Wholesale* ou Magasin de gros britannique fait un chiffre d'affaires qui dépasse plus de 2 milliards 1/2 par an ; il produit près de la moitié des marchandises qu'il vend dans ses propres entreprises. C'est en réalité la plus grande organisation industrielle du Royaume-Uni et elle en possède la plus grande banque. L'activité du Magasin de gros anglais s'exerce dans toutes les branches. Manufactures de toutes espèces, usines de toutes catégories sont la propriété du Wholesale et gérées par lui, c'est-à-dire par les consommateurs associés. L'importation n'échappe point à ses investigations. Moulins immenses, usines textiles, de métallurgie, de conserves, de chaussures, navires pour les transports, plantations de thé aux Indes, crèmeries et fromageries d'Irlande ; autant d'institutions qui appartiennent au Wholesale et sont gérées par lui.

Pour n'être que partiellement réalisée, la solution de la gestion des consommateurs a cet immense avantage d'avoir déjà démontré qu'elle pouvait être réalisée et même prouvé sa réussite. Quelques conclusions peuvent immédiatement se tirer de ces prémisses.

La gestion du consommateur assure l'ordre économique, elle met fin au gaspillage des richesses. Ce dont le monde a besoin seulement sera produit et dans la mesure où il sera nécessaire. Plus de crises, par là-même maximum de rendement et d'économie. Organisation rationnelle dans la division du travail au moyen des différentes branches de la production ; utilisation possible des moyens techniques les plus perfectionnés et expériences sous les formes les plus diverses : voilà à quoi aboutit l'hypothèse.

Mais la gestion du consommateur présente également un autre avantage : elle est la solution la plus conforme à l'intérêt général. Incontestablement, l'intérêt du consommateur est celui qui se rapproche le plus du premier jusqu'à se confondre avec lui. Tout le monde est consommateur ; sans doute chacun n'est peut-être pas consommateur de toutes choses, mais si l'on envisage le problème dans son ensemble, constatons que l'intérêt particulier et l'intérêt général tendent à se rapprocher et à se confondre.

Il est évident au contraire que les intérêts du producteur et de la production capitaliste constituent des intérêts corporatifs particuliers et limités. Ils sont en réalité orientés contre le reste de la société. N'avons-nous pas vu que leur intérêt est de vendre à tous le plus cher possible avec le plus de bénéfice ? C'est donc l'intérêt de quelques-uns, tout au plus un intérêt de groupe, mais toujours différent de l'intérêt de l'ensemble. Chaque consommateur ou chaque catégorie de consommateurs au contraire, vise au même but que son voisin, à savoir obtenir la satisfaction maxima de ses besoins, et les besoins de chacun, — individu ou groupe — loin de s'opposer, tendent très souvent à se compléter.

Enfin, et c'est encore ce que dit du reste fort bien le manifeste en faveur de la coopération française élaboré par plus de 260 universitaires appartenant à l'enseignement supérieur en France et publié en avril 1921, « les sociétés de consommation ne sont pas disposées à remplacer la dictature du capital par celle du travail, même en prenant ce mot dans le sens le plus large, c'est-à-dire en entendant par là, non seulement les travailleurs manuels, mais les autres producteurs. Il y a, en ce moment, une tendance à réclamer pour eux, non seulement le gouvernement dans l'ordre économique, — syndicalisme, — mais aussi dans l'ordre politique, — représentation professionnelle. — Les sociétés coopératives ne croient pas que les producteurs aient seuls qualité pour représenter l'intérêt public, parce qu'ils sont nécessairement préoccupés ou même dominés par des intérêts professionnels ou corporatifs. Au contraire, les consommateurs organisés ne peuvent avoir d'autre intérêt que ceux de tout le monde. Leurs groupements ont donc qualité pour devenir des organes de l'intérêt public allégeant ainsi le rôle de l'Etat qui s'est montré tout a fait au-dessous de sa tâche, tout au moins dans l'ordre économique.

» Il va de soi qu'entre producteurs et consommateurs, nous n'établissons ici qu'une opposition de principe, nullement un antagonisme de personnes ou une lutte de classes, et cela d'autant moins que parmi les sociétés de consommation, celles-là ont eu les succès les plus éclatants qui sont composées presque entièrement de travailleurs.

» Si même, comme il devrait être, tout consommateur est en même temps producteur, il importe que chacun apprenne à distinguer et à peser dans son for intérieur ces intérêts opposés et à sacrifier ceux qui sont particuliers à ceux qui sont généraux. C'est là ce que lui apprend la société de consommation par une leçon de choses quotidienne.

Et c'est là l'enseignement moral autant qu'économique que nous voudrions propager... » (1).

Enfin, la gestion des consommateurs n'est-elle pas celle qui servira le plus aisément le progrès, c'est-à-dire l'accroissement des richesses et l'utilisation des forces productrices les plus perfectionnées pour la production maximum en qualité et en quantité ? Une société économique nouvelle ne remplace la précédente que dans la mesure où elle n'est pas seulement une meilleure méthode de répartition des richesses, mais où elle représente également le progrès économique. On peut prétendre qu'une société reposant sur la souveraineté du consommateur, où l'intérêt de la consommation détermine son effort, contient par là-même un puissant aiguillon de progrès. En fait, les besoins de l'humanité sont infinis, ils se multiplient chaque jour, ils naissent même beaucoup plus vite que les moyens de les satisfaire. Or, avec la gestion entre les mains du consommateur, c'est le besoin qui est à la base de la vie économique. C'est un singulier facteur de progrès que de vouloir satisfaire l'infinité des besoins humains en mettant précisément la direction de la production et son emploi entre les mains du consommateur.

Certes, le progrès sera limité dans son action par les conditions techniques de réalisation, par l'état des forces productrices et par l'état des

____

(1) Dans la *Revue des Etudes coopératives*, n° 1er.

inventions humaines applicables, mais le facteur psychologique subsiste en son entier.

La gestion des consommateurs peut donc remplacer la libre concurrence et l'intérêt personnel comme instrument de progrès. A une condition, il est vrai, c'est d'adopter les formes de rémunération de l'effort humain qui incitent au rendement maximum; mais qu'y-a-t-il là d'impossible ? Certes, il faut aussi savoir ce que l'on entend par progrès. Le progrès n'est pas seulement d'ordre matériel ; l'activité économique et son développement n'en sont que l'un des facteurs. Il faut compter aussi comme élément de progrès ce qui permettra de mieux vivre, de gagner du temps pour le loisir et pour la réflexion. Mais pourquoi la société nouvelle gérée par les consommateurs n'apporterait-elle point tout cela ?

Les besoins humains sont infinis dans leur variété, et les moyens de les satisfaire se multiplient et se différencient avec l'évolution humaine. Les forces dont l'humanité dispose, le degré de perfectionnement de ces forces productives sont constamment limités, étant avant tout fonction de l'état des inventions et de la perfection de la technique et de l'organisation du travail, et voilà pourquoi la gestion des consommateurs, qui repose sur la recherche du bien-être, doit être réalisée dans l'accroissement de la richesse et que ceux-là seuls qui y sont le plus intéressés peuvent le plus utilement y parvenir.

Moralement, la gestion par les consommateurs

repose sur un idéal nouveau et spécifique. En réalité, il faut choisir, à propos de la gestion des producteurs et des consommateurs, entre deux points de vue, entre deux morales, il faut choisir entre l'idéal d'une société de bien-être et d'une société de travail, entre la souveraineté du consommateur et celle du travailleur ou du producteur.

La morale du producteur est fort à la mode aujourd'hui (1). Elle règne souvent dans les milieux de conservation sociale, mais elle n'est pas sans adeptes parmi les partisans d'une transformation sociale. Nous l'avons vu en examinant la solution de la gestion des producteurs. La morale sur laquelle repose cette idée consiste à idéaliser la production. Le producteur, c'est le créateur, son acte ennoblit et grandit l'homme, lui confère une certaine dignité. Cette morale fait de chaque travailleur l'être respectable par excellence, et le travail devient la tâche sacrée, auguste, qui élève l'homme bien au-dessus de l'animal. En somme, elle se résume dans un panégyrique de l'effort par le travail. L'homme se libère, par le travail, des chaînes de la servitude, la servitude physique, la servitude sociale.

La gestion du consommateur met en valeur d'autres préoccupations morales. La consommation apparaît, au premier abord, comme un acte matériel et pour ainsi dire inférieur, qui fait appel

____

(1) On sait le rôle spécial joué par G. Sorel dans la constitution de cette éthique spéciale.

plus aux besoins du ventre qu'à l'imagination ;
cependant, la satisfaction des besoins ne se limite
pas forcément à celle des besoins matériels. D'autre
part, voir la production à travers le prisme d'une
morale spéciale, c'est peut-être bien étrangement
idéaliser la réalité ; même libéré de l'exploitation,
l'acte de production n'a pas, pour la plupart des
hommes, ni l'attrait ni la grandeur que l'on veut
lui voir de loin. Le travail strictement musculaire
est souvent rude, pénible. L'évolution économique
le rend mécanique, souvent sale, déformateur,
abrutissant. Même dans une société nouvelle, ne
restera-t-il pas tel en tant que travail nécessaire
pour faire vivre cette société, pour lui assurer un
minimum de richesse, pour la satisfaction des besoins
les plus immédiats et les plus indispensables,
c'est-à-dire plutôt une peine qu'un plaisir ou une
joie pour l'immense majorité des hommes ? Enfin,
la production est-elle un but en soi, est-ce qu'on
travaille pour travailler, est-ce l'effort pour l'effort comme on prétend qu'il y a l'art pour l'art ?

La gestion économique de la société par les consommateurs se donne, elle, un but : la satisfaction des besoins humains. Chercher le bien-être
de l'humanité, aimer la vie, n'est-ce pas après
tout la plus profonde et la meilleure des morales ?
Remarquons qu'il s'agit ici de rechercher le bonheur de tous en réalisant le bonheur de chacun.
Il ne s'agit pas d'une morale égoïste. Seuls les moyens
dont on dispose pour satisfaire les besoins, l'état
des forces productives, des inventions et du pro-

grès technique limitent la réalisation de l'idéal.
Enfin, est-ce que la recherche d'une cité du bien-
être n'est pas capable de susciter des enthou-
siasmes, des dévouements, des générosités ? Est-ce
qu'ainsi disparaît toute élévation de pensée, toute
perfectibilité de l'intelligence humaine ? L'épu-
ration des sentiments devient-elle impossible ?

Nous ne voulons certes pas dire que le travail
doit être considéré comme dégradant et encore
moins comme un châtiment. Le travail, celui qui
n'est pas fait par plaisir, mais pour vivre doit
être considéré comme un devoir envers la société :
c'est la charge sociale, personne ne doit pouvoir
s'y soustraire ; il suffit qu'on en rende l'accom-
plissement facile. Mais quelle erreur de comparer
le travail de l'artiste ou du savant, cause des joies
les plus pures, avec les durs travaux forcés de
l'humanité, si nécessaires pour que la civilisation
continue !

Et voici les raisons qui incitent à préférer à
tout autre forme de gestion de la propriété des
moyens de production et d'échange la gestion par
les consommateurs associés.

Remarquons que celle-ci du reste ne présente
plus les inconvénients de la gestion par des représentants politiques ou par des représentants des
producteurs.

La gestion politique, c'est la gestion par des
organes d'autorité, tout au moins par l'intermédiaire d'institutions qui n'ont pas le caractère
d'institutions économiques ; c'est mélanger, par

conséquént, deux rôles souvent très différents ;
de là, l'irresponsabilité, l'incompétence et le favoritisme. Avec la gestion des consommateurs, rien
de tout cela. C'est une institution économique
réglant par des voies économiques et par des
moyens *ad hoc* les problèmes qu'il lui appartient
de résoudre. Ce sont les intéressés, et directement
eux, qui sont appelés à diriger les affaires et à les
conduire sous leur propre responsabilité. Ils seront
donc les propres victimes de leurs fautes ou
les bénéficiaires de leur bonne administration.
Responsables de leurs actes, ils cherchent à étendre
le même principe de *responsabilité* à tous ceux
qui, en leur nom, administrent et gèrent à tous
les degrés de l'organisation.

En ce qui concerne la compétence, certes les
consommateurs ne semblent pas avoir, par leur
fonction, une prédestination à la compétence en
matière productive par exemple. Mais précisément,
nous avons démontré en parlant d'une institution de consommation, que la direction donnée
à ce qu'on appelle les compétences ou les techniciens présentait les plus graves inconvénients.
Chacun à sa place, et les choses seront bien dirigées ; ce qui fait le défaut d'une institution politique, ce n'est pas qu'elle est incompétente par
elle-même, c'est qu'elle est dans l'impossibilité
d'utiliser les compétences et de les choisir.
N'est-elle pas mue par des considérations qui
diffèrent totalement de ce principe et qui sont
dépourvues de toute préoccupation technique ? Mais

précisément, les consommateurs ne sont pas dans
ce cas. Leur responsabilité dans la gestion des
affaires et leur intérêt les incitent fatalement à s'en-
tourer de conseils techniques et à se préoccuper
de leur utilisation au maximum pour précisément
obtenir le plus de résultats.

Enfin, en ce qui concerne le favoritisme considéré comme un système et non comme un acci-
dent (car il est admissible pour toutes les institutions humaines), il résulte, dans la gestion politique, des fins extra-économiques poursuivies. Il
n'a pas lieu d'être avec la gestion des consommateurs, qui n'ont d'autre but que celui qui est
défini par leurs propres institutions.

Mais, dira-t-on, si la direction totale de la gestion de la propriété collective dans une société
nouvelle doit être assurée par les consommateurs,
est-ce à dire que les producteurs en tant que tels
soient sans droits ? Est-ce à dire qu'il ne faudra
pas tenir compte d'un droit social qui est supérieur
à tous les droits économiques, même à ceux des
consommateurs ? Est-ce à dire que la solution
logique que nous venons d'expliquer doit s'appliquer avec le tranchant d'un couperet sans se préoccuper des circonstances, des diversités de temps et
de lieu ? La gestion des consommateurs ne doit-elle
pas, par exemple en matière agricole, se concilier
avec l'état de la production agraire et, dans une
certaine mesure, la gestion des consommateurs
ne doit-elle pas tendre à des organisations com-

munes avec les producteurs agricoles, créées en accord avec eux, pour la production agraire ?

Nous l'avons déjà marqué ailleurs qu'ici (1) ; à côté de la souveraineté des consommateurs, il est un droit social qui peut se manifester sous différentes formes et dont l'exercice peut même avoir des répercussions sur la vie économique elle-même. La société doit avant tout vivre, vivre non pas seulement économiquement, mais sous tous ses aspects. Il lui faut d'abord assurer son existence et également se défendre.

Illustrons par quelques exemples l'existence de ce droit social, supérieur au droit même du consommateur. En supposant l'existence d'un socialisme des consommateurs complètement réalisé, comment s'y exercera par exemple la justice ? Poser le problème, c'est déjà presque le résoudre. Le développement des idées juridiques modernes peut conduire à la multiplication des arbitrages pour les conflits de toute espèce entre les individus d'une société ou même entre ces individus et l'organisme social. Mais la pratique de l'arbitrage, qui peut être présentée comme une forme indirecte de coopération et de socialisme de consommateurs, ne répond point à toutes les situations. Exemple : en matière de justice criminelle, il faut envisager forcément des institutions spéciales et dont nous ne voyons pas beaucoup, pour notre part, la création sur des bases coopératives. Certes,

----

(1) *La République coopérative.*

le jury rend pour ainsi dire des verdicts « coopératifs », puisque ce sont des élus des justiciables qui le composent, mais ce n'est certes point du point de vue de la consommation.

De même, ne peut-on se demander si pendant longtemps, les nations n'auront pas à envisager des dangers extérieurs et des agressions possibles. Certes, la Société des Nations, qui n'est précisément que la coopération des peuples contre la guerre, pourra hâter l'heure où ce problème ne se posera plus : mais, de même qu'il y a des brigands privés, il peut y avoir des nations de brigands. Or, pour se défendre contre les uns et les autres, la société, fut-elle comprise sous la forme d'une république de consommateurs, sera obligée de prendre des précautions, au moins pendant longtemps ; elle ne trouvera pas en elle et en ses principes le moyen de les résoudre. Que signifierait une armée constituée par des consommateurs ?

Parlerons-nous également des problèmes éthiques qui nécessiteront une action très différente de celle que peut exercer une organisation de consommateurs en tant que tels ? Tel est, par exemple le cas pour les problèmes de natalité. On n'imagine guère, par exemple, que seules, les mères ou les familles puissent avoir voix au chapitre pour régler les mesures qui devraient, dans une nation de faible natalité, encourager ou favoriser le nombre des naissances. C'est la société elle-même tout entière et en tous ses éléments qui doit être appelée à donner son avis et à prendre des mesures.

Il en est de même des mesures qui sont nécessaires contre des fléaux sociaux comme la tuberculose, l'alcoolisme et la prostitution. Certes, les organisations de consommateurs peuvent, à l'égal d'autres organisations, s'occuper de ces problèmes, mais même quand elles exerceront une action utile en ce sens, on ne peut affirmer pourtant qu'elles l'accompliront au point de vue des consommateurs, et c'est incontestablement la société tout court qui a lieu, pour sa propre défense, de s'en préoccuper.

Enfin, même en matière économique, est-il possible de concevoir que seuls, les consommateurs, sans appel, pourraient régler des questions qui intéressent non seulement ceux qui consomment, mais même ceux qui ne consomment pas ? Il y a un certain nombre de services publics dont l'entretien et la gestion intéressent au même titre ceux qui ont à s'en servir et tous les membres de la société. Qu'il s'agisse des Postes ou des Chemins de fer, peut-on prétendre que seul l'intérêt des consommateurs est en jeu ? A côté des voyageurs ou des transporteurs, il y a un problème de la richesse générale, appartenant ou devant appartenir à tous, qui doit être protégée et utilisée au bénéfice de tout le monde et non, certes, au seul bénéfice de ceux qui en ont besoin pour eux-mêmes.

Qu'on apporte donc à la question des services publics des méthodes d'administration inspirées du principe de la souveraineté du consommateur, que l'on songe à leur représentation dans la gestion des services publics, c'est fort bien, mais il faut tenir compte des besoins généraux que la société doit prendre en mains, parce qu'ils ne sont pas seulement la sómme de besoins individuels. Ainsi, la république coopérative, considérée comme représentation unique du consommateur, doit s'incliner devant un droit social supérieur.

D'autre part, dans quelle mesure le socialisme des consommâteurs tiendra-t-il compte des organisations de producteurs et apportera-t-il une solution à la question de l'organisation du travail et à la question de la suppression du salariat ? Certes, entre cette société et la société actuelle, une grande différence apparaîtrait tout de même. Le jour où le socialisme des consommateurs serait totalement établi, chaque producteur serait en même temps membre de la société des consommateurs ; ainsi, tout le monde serait à la fois employé de la société et en même temps, comme consommateur, participant à sa gestion et à la nouvelle souveraineté. Les Conseils d'administration seraient composés de producteurs, puisqu'ils ne pourraient faire autrement que d'être employés dans une organisation coopérative, étant donné que tout le travail serait concentré par celle-ci.

Une autre différence avec le régime actuel et de la plus haute importance apparaîtrait : il n'y aurait plus de profit, car l'ancien profit, résorbé en faveur de la collectivité, ferait retour à chacun des consommateurs.

Mais il n'en reste pas moins que le socialisme des

consommateurs, si on le voit seulement dans son développement naturel, tel par exemple qu'il apparaît dans l'organisation de la production par les Magasins de gros coopératifs qui existent actuellement, laisse subsister en son entier les formes du salariat.

Il est vrai que tous ceux qui ont, depuis un demi-siècle, demandé l'abolition du salariat, visaient beaucoup plus, par cette formule, un régime qui n'incite nullement au progrès économique et qui, moralement, n'intéresse ni de près ni de loin le travailleur à son propre effort, qu'un régime de travail consistant dans la vente de la force de travail contre une somme d'argent. Dans le premier sens, d'ailleurs le plus courant, le socialisme des consommateurs abolit le salariat, puisqu'il abolit le profit; ce qui reste donc comme problème à examiner est simplement de savoir si on doit s'en tenir à l'organisation du travail tel qu'il existe aujourd'hui, ou si, au contraire, il n'y a pas lieu d'en trouver des formes différentes.

Nous pensons que déjà, dans ces dernières années, en France comme dans certains pays étrangers, un pas énorme a été fait, le jour où s'est établie le gérant employé ou l'ouvrier responsable; ce jour-là, en effet, le salariat a pour ainsi dire disparu ; à vrai dire, le gérant ne reçoit plus tout à fait un salaire, il est rémunéré d'après le chiffre d'affaires qu'il a fait ou encore d'après les rendements bruts qu'il a obtenus. Du fait même que dans le magasin de répartition, le gérant est dépositaire de marchandises dont les prix de vente lui sont fixés, du fait qu'il est responsable de ces marchandises à lui confiées, il conquiert également la liberté d'organiser son travail, la boutique devient l'atelier libre : liberté et responsabilité, voilà le résultat obtenu. Or, au point de vue de l'organisation technique du travail, c'étaient les deux choses qui manquaient au régime du salariat.

Sans doute, ce n'est pas d'abord dans les organisations coopératives que la gérance responsable s'est établie, c'est le régime capitaliste lui-même qui, dans son évolution, a adopté, avec les grandes sociétés à succursales, la gérance responsable, mais cela ne veut pas dire que le système soit mauvais. Le régime capitaliste, en effet, agissant dans son propre intérêt, n'est pas toujours, mais il est souvent conduit à appliquer les meilleures méthodes techniques de rendement : il se sert des inventions, des machines, des ingénieurs, il les utilise à son profit, mais la coopérative peut les prendre pour les utiliser au profit de tous et pour le bien même de ceux qu'elle emploie.

Seulement, la responsabilité dans la liberté de l'organisation du travail se conçoit-elle en tous les cas ? Par exemple, pour qu'il y ait réellement gérance responsable dans le commerce, il faut qu'il y ait un seul employé ou tout au moins un personnel restreint. Lorsqu'au contraire, il s'agit de boutiques qui nécessitent un personnel nombreux, lorsqu'il s'agit d'organisation d'ateliers groupés dans des

usines de production, si l'on continue à parler de
gérance responsable, il ne s'agit plus de salariés
élevés, comme gérants, à une dignité supérieure
dans la liberté et la responsabilité de leur travail,
il s'agit alors, au contraire, de tâcherons, c'est-à-
dire de la forme d'exploitation la plus éhontée de
l'homme. Le gérant exploite son personnel pour
accroître ses bénéfices, le contremaître ou le
chef d'usine ne songe qu'à une chose : gagner davantage en exploitant ses subordonnés, les producteurs.

Mais le problème n'est pas insoluble. Si la
boutique, si l'usine ou si l'atelier nécessite un
personnel supérieur à une personne ou à une
famille, il existe depuis quelques années, malheureusement avec une extension trop faible, une
forme collective d'organisation du travail tout
particulièrement à recommander : la commandite.
La commandite, c'est en réalité une gérance responsable collective ; c'est une association de producteurs à qui l'on confie, dans un magasin ou
atelier coopératif, l'organisation du travail moyen-
nant une rémunération calculée d'après le chiffre
d'affaires ou le rendement.

En France, quelques essais de ce genre ont été
faits avant la guerre, mais ils n'avaient pas eu le
temps de donner des résultats décisifs. Il est
entendu que, probablement, des difficultés pratiques se présenteront, mais en principe, aucune ne
paraît insoluble.

En tout cas, si dans le domaine commercial ou

industriel la solution paraît difficile à trouver et si elle ne peut s'appliquer que dans certaines natures de travaux, rien ne peut permettre de dire qu'elle est impossible. Evidemment, pour que la commandite commerciale fonctionne, pour qu'elle puisse se créer, il faut des associations assez restreintes d'employés qui se connaissent, s'apprécient, qui puissent travailler en commun, mais cela peut résulter d'une éducation des producteurs et d'un effort fait par eux-mêmes pour se discipliner : alors, on pourra organiser des sortes de petites républiques du travail au sein de la république des consommateurs.

En matière industrielle, c'est-à-dire dans les ateliers, usines et manufactures du socialisme des consommateurs, la commandite peut également se concevoir : elle aurait pour résultat de créer ce fameux atelier social, qui, précisément, est la grande revendication du monde du travail et des doctrinaires syndicalistes. Seulement, dans les grandes industries, tout en conservant le principe même de la commandite, — liberté et responsabilité, — il est clair que ces formes devraient varier, car jusqu'à présent, elle s'est simplement instaurée dans des travaux spéciaux, par exemple dans la typographie. Elle n'a pas eu d'application large dans une grande industrie.

Ce que le socialisme des consommateurs en formation doit retenir, c'est en tout cas que le principe même de la commandite doit être pour lui le moyen de résoudre la question du salariat, s'il veut remplir sa tâche complète, assurer l'émancipation humaine.

Toutefois, il s'agit là d'un problème dont la solution est d'ordre technique. Si la commandite peut avoir de larges répercussions sociales, il est indispensable que des expériences nombreuses et variées soient faites ; ce n'est que dans cette mesure qu'elles pourront être concluantes.

Ainsi, sans déroger à ses principes, sans abandonner l'idée de la consommation organisant sa propre production, ce qui est le point essentiel du socialisme des consommateurs, l'effort nécessaire serait fait, grâce à la commandite, en faveur du travail industriel, du respect du producteur, de la dignité de sa tâche et de son rôle social.

Enfin, reste le problème de la production agricole ; or, même pour ce qui concerne l'état actuel du mouvement coopératif, nous avons déjà fait les remarques suivantes :

Si nous croyons que les coopératives de consommation peuvent, comme l'ont fait les Wholesales anglaises et écossaises, par l'intermédiaire de leur Magasin de gros, acquérir leur propres fermes, produire leur propre vin, leur propre blé, leurs propres produits agricoles ; si nous croyons surtout que, par exemple, les entrepôts de viande, les fromageries, les usines pour l'utilisation du lait doivent être créés par les consommateurs ; si l'on veut que la collectivité la plus large en profite, il faut aussi comprendre que l'avenir de ces organisations ne peut exister que si une collaboration étroite s'établit entre les sociétés de consommation et les producteurs agricoles. Il faut aussi songer à la difficulté de faire rendre à la terre son maximum dans certaines cultures où il ne peut s'agir de grandes exploitations capitalistes, mais, forcément, de petites entreprises qui se trouveront mieux adaptées, même techniquement, en raison du climat, de la variété du sol et de la conformation géographique et économique du pays aux exigences de l'exploitation de la terre. Comment pouvoir établir cette collaboration des producteurs agricoles et des consommateurs ? Certes, dans une très large mesure, c'est seulement au moment où les travailleurs des champs auront été conquis eux-mêmes à l'idée de l'association des consommateurs et seront devenus membres de celle-ci que le problème sera le plus facilement résolu.

Il semble que ce soit bien là la vérité, quand on songe à ce petit pays du Danemark où ont marché de pair les coopératives de consommateurs à la campagne et les différentes coopératives de production agricole. Cette collaboration s'est réalisée dans un rayon limité, il est vrai, mais l'expérience est définitivement acquise. Nous sommes là dans la contrée d'Europe où précisément l'idée coopérative sous toutes ses formes et en comparaison du nombre des habitants est arrivée à son maximum. L'avenir seul pourra donc, en cette matière, déterminer comment les Magasins de gros pourront, soit par eux-mêmes, soit par l'intermédiaire des sociétés de consommation de détail, dont feront partie les producteurs, aboutir à une solution méthodique et rationnelle, à une organisation sérieuse qui ne fasse pas de chaque producteur agricole l'adversaire de cette société de consommation, capable de coordonner les efforts de tous les producteurs agricoles, et dont ils pourront être, eux-mêmes, membres.

Mais, ces réserves faites, il n'en reste pas moins exact que le Magasin de gros devra, de toutes ses forces, organiser ses services industriels et agricoles, quitte même, pour le surplus, à trouver des combinaisons économiques sérieuses, lorsqu'il sera nécessaire, pour s'entendre, d'une part avec les associations de production industrielle et, d'autre part, avec les associations de production agricole. La solution serait peut-être non seulement de faire reprendre les coopératives de production par le Magasin de gros, — ce qui, en maintes circonstances, s'est fait, — mais d'aboutir, en réalité, à la disparition totale des associations de production. On peut encore, pour débuter, amorcer l'avenir au moyen d'œuvres et d'entreprises gérées en commun avec les associations de production. Par exemple, en ce qui concerne les entrepôts de viande coopératifs, s'ils appartiennent uniquement aux consommateurs et s'ils sont placés dans une région agricole déterminée, il peut arriver fort bien qu'ils raréfient le produit, déterminent une hausse au profit des producteurs, sans que les consommateurs puissent en quoi que ce soit bénéficier de la nouvelle organisation. Si au contraire, ces entrepôts appartenaient à des associations de producteurs, nul doute que le consommateur ne soit plus avantagé qu'avant. N'y aurait-il donc pas lieu de prévoir, à ce point de vue, des entreprises mixtes ? Déjà, en matière de production industrielle, on a admis l'idée que, pour les associations de consommateurs, les Magasins de gros pouvaient prendre des actions des associations de production, pouvaient même s'y assurer la majorité pour précisément affirmer le principe de la consommation organisant la production, qu'ils pouvaient en tout cas collaborer à la gestion, en raison même du fait qu'ils en étaient les meilleurs clients, et qu'ils en deviendraient même un jour le client exclusif. Ces enseignements, résultat de l'expérience du mouvement coopératif, sont également vrais, dans toute conception du socialisme des consommateurs.

Question de salariat, question du droit social, question des exploitations agricoles, toutes ces questions doivent être examinées, mais il faut qu'elles le soient après que le principe essentiel de la gestion de la propriété collective aura été résolu et un choix fait de la catégorie économique qui doit assumer la direction de la gestion. C'est pourquoi nous ne nous sommes occupés ici que de déterminer les raisons qui militent en faveur de la gestion par les consommateurs.

Nous avons également laissé de côté la question de savoir par quels moyens doit se réaliser le socialisme des consommateurs. Doit-il être seule-

ment le résultat de l'évolution du mouvement coopératif de consommation ? Doit-il être, au contraire,
résultat d'interventions juridiques qui procèdent
à des nationalisations à la suite d'une prise totale
du pouvoir politique par la révolution, être subor-
donné au pouvoir politique et peut-il dès maintenant se réaliser par étapes ? Autant de questions
que nous posons, mais ne résolvons pas, car tel
n'est pas le but de cet ouvrage.

4° *Une gestion mixte.*

Nous avons dégagé les caractéristiques d'une
gestion de la propriété collective des moyens de
production et d'échange dans les trois hypothèses
d'une gestion : des consommateurs, des producteurs
et de représentants politiques. Nous avons montré
les avantages et les inconvénients, et nous avons
nettement conclu en faveur de la gestion par les
consommateurs. Mais y a-t-il lieu de se tenir à des
formules aussi rigoureusement logiques et acceptées
dans toute leur rigueur et leur intégralité ?
N'y a-t-il pas lieu d'envisager une quatrième
hypothèse, celle où la gestion économique collective serait faite non pas par une catégorie économique ou par des représentants politiques, mais
établie avec la collaboration de deux de ces trois
éléments ?

C'est, en fait, à quoi a voulu aboutir dernièrement
le Conseil économique du travail créé par la Confédération Générale du Travail après son Congrès

de Lyon en 1919 (1). La composition du dit Conseil économique du travail devait forcément le conduire à des collaborations de ce genre. Créé sous l'égide de la C. G. T. et comprenant dans son sein des représentants des coopératives et des associations de techniciens, il était fatal que, dans l'examen du problème de la gestion de la propriété sociale, il aboutisse à équilibrer, pour la direction de ces entreprises, la représentation des forces sociales qui le composaient. Il lui est donc arrivé de présenter des projets de nationalisation des mines, des chemins de fer, des usines, des forces motrices, etc., où l'organisation de la direction était confiée en trois parties égales aux représentants des producteurs, des consommateurs et des techniciens. L'élément politique en avait été écarté, mais beaucoup plus en raison de son absence aux délibérations que pour des raisons véritablement de principe. Fatalement, la réalité conduirait sans doute à une transaction de ce côté, car on n'aurait pas pu négliger ce facteur.

Loin de nous la pensée d'écarter *à priori* cette solution de gestion. On peut l'envisager comme une expérience à faire et comme un premier pas pour substituer au régime actuel une gestion collective désintéressée quelle qu'elle soit. Mais il apparaîtrait vite à la pratique qu'elle n'est viable que d'une façon réduite, car, à supposer une représentation de plusieurs éléments sociaux pour une gestion collective, une question se pose inévitablement en

______

(1) Cf. l'*Annexe*, p. 109.

dernière analyse. Quel sera l'élément prépondérant ?
Sur quelle base organique vraiment sérieuse doit-
elle reposer ? Une gestion comportant un équilibre
des forces sociales équivalentes s'est entendue pour
mettre debout un projet élaboré en commun, mais
alors la solution est empirique et n'a rien de scientifique. En réalité, les projets du Conseil économique
du travail déterminent théoriquement une représentation égale des producteurs, consommateurs et
techniciens, mais pratiquement et en examinant le
détail des projets, la gestion effective est remise
entre les mains des producteurs.

Or, cette question de la détermination et du choix
de l'élément prépondérant est de première importance pour l'exercice d'une gestion économique.
Invoquerons-nous à ce point de vue le livre démons-
tratif d'Otto Bauer, l'ancien ministre socialiste
autrichien à propos des socialisations en Autriche (1).
On y verra à la lumière des expériences que les
représentations tripartites pour la gestion conduisent aux plus fâcheux résultats. Partout une
coalition s'opérera entre deux éléments. Hélas ! en
Autriche comme en Allemagne, ce fut la coalition
des producteurs ouvriers et des patrons contre les
consommateurs et contre l'intérêt général qui
s'institua !

Sans donc rejeter des projets du genre de ceux
du Conseil économique du Travail, tout en trou-
vant qu'ils constituent une première pierre pour

____

(1) *Pages socialistes* Paris, 1920. In-18.

construire l'édifice nouveau, disons nettement que les formules de collaboration nous paraissent précaires et éphémères et que pour aboutir à une solution véritable, il faut déterminer d'abord quel sera l'élément prépondérant et par là-même responsable de la gestion.

Toute notre démonstration n'a eu précisément pour but que de mettre en lumière que c'est l'élément consommateur, en attendant que la solution complète exposée plus haut triomphe à la lumière des faits et des expériences.

CONCLUSION

Nous avons, dans ces quelques pages, essayé de mettre en lumière et de préconiser la gestion de la société nouvelle par l'intermédiaire des consommateurs.

Après avoir énuméré toutes les objections qui peuvent être faites à une gestion d'ordre ou d'inspiration politique, après avoir montré que celle-ci présentait des inconvénients graves, qu'elle se réalise au sein de l'Etat bourgeois, de l'Etat prolétarien ou en dehors même de l'Etat, mais toujours au moyen d'une représentation politique, nous nous sommes également opposés à une gestion des producteurs ou de leurs représentants organisés par corporations. La gestion par les producteurs nous est, en effet, apparue comme pouvant aboutir à un déséquilibre social, alors que la gestion par les instruments politiques aboutissait au désordre et au triomphe de l'incompétence. L'une et l'autre ne peuvent donner l'assurance d'être viables. Elles risqueraient d'entraîner aux plus fâcheuses conséquences économiques, à un ralentissement de la production, à une méconnaissance des intérêts généraux qui sont supérieurs à tous les intérêts particuliers corporatifs.

Par contre, la gestion par les consommateurs

a le mérite de reposer sur des faits d'expérience. Elle n'est que la dernière forme du mouvement coopératif élargi, étendu et universalisé. Elle correspond du reste aux tendances naturelles de développement, d'extension et de progrès de ce dernier. La gestion des consommateurs est basée sur l'idée de l'organisation de la production par la consommation, sur un idéal de bien-être, alors que le travail n'est précisément que fonction de ce résultat. N'ayant pas les mêmes désavantages que les autres solutions, la gestion du consommateur, parfaite en ses principes et en ses règles générales d'application, a cependant besoin de trouver des solutions pratiques pour, d'une part, donner au producteur la juste part de droit et d'exercice de son droit qui lui revient dans la stricte application de ses fonctions et, d'autre part, assurer la sauvegarde du droit supérieur de la société, droit qui doit être placé au-dessus des catégories économiques de consommation ou de production.

La gestion du consommateur peut provisoirement être envisagée sous une forme mitigée avec collaboration des éléments politiques ou producteurs, mais pareil éclectisme présente bien des dangers, et il serait rapidement, fatalement bien décevant. Forcément, dans la direction, un élément doit prédominer, et les expériences faites ont montré que ce seul élément pouvait être le consommateur. Dans ces conditions, que devient la représentation des autres éléments, dont la participation, d'ailleurs utile au fonctionnement de la société économique, peut parfaitement s'établir sous d'autres formes et dans d'autres conditions que la participation à la gestion ?

La présents étude aura eu, nous l'espérons, un premier résultat, celui de montrer à tous ceux qui veulent une transformation sociale, qui se réclament de l'idéal socialiste, qu'il ne suffit pas de proclamer en quelques phrases, et en invoquant certains principes, la nécessité du socialisme. Le problème est beaucoup plus complexe qu'il n'apparaît au premier abord. L'heure n'est plus où l'on peut se contenter d'énonciations théoriques primaires et simplistes; il faut fouiller la solution du problème, le décomposer en ses éléments. Le simplisme socialiste, peut-être bon comme instrument de propagande à un moment donné, devient, aux heures d'aujourd'hui ou de demain, insuffisant lorsqu'on est en présence de réalisations possibles. Au point de vue moral, comme au point de vue intellectuel, la vérité est supérieure à l'utopie. En tout cas, rien ne serait plus malheureux pour l'avenir socialiste que l'ignorance où les masses et les militants resteraient de la complexité du problème. Il ne faut pas se figer dans le mythe d'un « Grand Soir », il ne suffit pas d'annoncer la « Bonne nouvelle ». Une transformation sociale doit être prévue et préparée, et les éléments constituants doivent s'en former chaque jour.

La propriété sociale et l'élimination des revenus

sans travail, voilà des postulats juridiques, des concepts moraux qui n'entreront dans la réalité des faits que dans la mesure où le problème de la gestion économique de la société aura été d'abord résolu. Le rôle de ceux qui travaillent à la réalisation de l'idéal socialiste est d'examiner et de résoudre ce problème.

ANNEXES

Projets de gestion mixte de consommateurs
et de producteurs.

Nous avons indiqué que des projets de gestion
mixte de la propriété collective pouvaient être
conçus à notre avis à titre transitoire, et avant que
la souveraineté du consommateur soit affirmée.
Dans cet ordre d'idées travaille le Conseil économique de la Confédération Générale du Travail,
constitué par une décision de ses congrès avec la
collaboration des organisations de techniciens et
des organisations coopératives (déclaration nationale).

Naturellement, les projets élaborés se sont res-
sentis de la composition même du Conseil économique.

En voici deux qui illustrent notre exposé
théorique.

1º *Projet d'économie nationale élaboré par le
Conseil économique du travail de la C. G. T.* :

« Le Conseil économique du travail considère
qu'une entreprise est nationalisée lorsqu'elle n'est
plus exploitée qu'en vue des besoins de la communauté et qu'elle n'a d'autre but que de procurer aux

consommateurs le maximum d'utilité et d'économie.

» Cette nationalisation peut s'effectuer sous des formes très diverses et qui ne sont exclusives ni de l'initiative individuelle, ni de l'entreprise coopérative, ni de l'administration par l'Etat ou la municipalité, dans le cas où ces modes paraîtraient mieux adaptés aux caractères spéciaux de l'entreprise, mais pour toutes les entreprises qui ont déjà le caractère de service d'utilité publique, la nationalisation serait résolue par la transformation du Conseil de direction capitaliste en un Conseil de direction composé comme le Conseil économique du travail lui-même :

» D'une part, des représentants de ceux qui font marcher l'entreprise, travailleurs, techniciens et administrateurs.

» D'autre part, des représentants de ceux pour le service desquels l'entreprise fonctionne, c'est-à-dire les usagers ou les consommateurs.

» Le contrôle de ceux-ci garantira que l'intérêt général ne sera pas sacrifié à l'intérêt corporatif.

» La nationalisation peut s'appliquer à des industries qui ne sont pas répandues par l'ensemble du territoire national, soit qu'il s'agisse d'exploitations partielles, soit que la collectivité exploitante représente des intérêts régionaux, départementaux ou communaux.

» Chaque industrie nationalisée est gérée par une organisation autonome dont la constitution particulière doit être déterminée en tenant compte des conditions de constitution et de fonctionnement.

» De cette définition, on peut conclure à l'existence de différents problèmes dont la solution générale doit être recherchée dans tous les cas.

» Ce sont : *a*) Les conditions de l'acquisition par la collectivité intéressée de l'industrie ou des services à nationaliser et de leur cession pour administration et gérance à l'organisme d'exploitation ;

» *b*) La constitution-type de l'organisme d'exploitation et la détermination de ses pouvoirs et de son fonctionnement général ;

» *c*) L'utilisation des produits et des services par la collectivité et le système de répartition des profits laissés par l'exploitation.

» A. — Propriété collective et gestion

» Les entreprises nationalisées deviennent la propriété de la collectivité. Bien qu'elles ne soient pas directement et exclusivement exploitées par celle-ci, — ce serait le cas dans l'étatisation, — elles n'en constituent pas moins un accroissement du fonds social, une valeur indivise entre tous les membres de la collectivité, mais dont l'utilisation est faite à leur compte.

» Dans ces conditions, c'est à la collectivité elle-même de fixer les conditions de cette acquisition.

» Trois cas peuvent se présenter :

» 1º L'industrie ou le service est déjà entre les mains de l'Etat, des départements, des communes et des instituts publics, monopoles industriels ou régies directes ; alors, se pose seulement la question du passage de ces exploitations des mains de l'administration actuelle à celles de l'organisme nouveau ;

» 2º Il s'agit de richesses non encore exploitées ou de concessions non encore accordées ; il y a seulement lieu de déterminer le régime de l'exploitation ;

» 3º Les industries doivent être reprises aux exploitants capitalistes actuels. La collectivité aura à déterminer les modalités de ce rachat, l'assiette et le quantum de l'indemnité à verser s'il y a lieu.

» Un tel rachat ne peut être cependant conçu comme devant aboutir à constituer une hypothèque à durée indéfinie sur les industries nationalisées et par suite sur l'activité collective. Il doit donc être calculé sur la valeur réelle et sans tenir compte des inflâtions financières ; sa forme sera celle d'un remplacement des obligations et actions des Sociétés capitalistes par des obligations d'Etat, portant intérêt fixe garanti sur les profits de l'industrie nationalisée, et dont l'amortissement doit être calculé sur une période de quarante à cinquante ans.

» La valeur des sommes ainsi investies par la collectivité constituera le capital initial de l'industrie nationalisée.

» La collectivité constituera, d'autre part, et dans tous les cas prévus plus haut, le capital d'exploitation nécessaire qui sera mis à la disposition de l'organisme de gestion. Il sera également constitué par l'émission de valeurs à intérêt fixe.

» L'acte de concession prévoira les sommes à prélever sur les bénéfices laissés par l'industrie nationalisée pour servir l'intérêt et assurer l'amortissement du capital initial et, dans des conditions qui ne seront pas obligatoirement les mêmes, l'intérêt du capital d'exploitation.

» Il est à considérer que ce système de rachat ne constitue point une prolongation de privilège capitaliste ; le montant de l'indemnité étant dans chaque cas calculé sur la valeur réelle de l'exploitation à nationaliser, elle éliminera ainsi toutes les valeurs fictives de caractère purement financier ; elle ne laissera pas subsister une hypothèque des actionnaires, puisqu'il ne sera seulement tenu compte que de la valeur actuelle, et non du développement ultérieur de l'entreprise. L'amortissement sera enfin établi de manière à libérer dans une période relativement courte la collectivité des charges qu'elle aura à assumer de ce fait. Possible grâce à la nationalisation, cette opération aura pour résultat d'augmenter la valeur nette du fonds social.

» La constitution du capital total créera sur l'entreprise nationalisée des droits à des redevances financières limitées en faveur de la collectivité. Elle ne sera pas de nature à modifier le rôle de celle-ci dans l'organisation de gestion, ce dernier n'ayant pour objet que d'administrer au mieux de tous la richesse acquise par tous.

» Il doit répondre à deux conditions : 1º l'élimination du profit capitaliste ou particulier ; 2º l'exploitation et le développement les plus efficaces de l'industrie ou du service qu'il recevra mandat de gérer.

» On doit le concevoir sous la forme d'une régie coopérative autonome à laquelle devront participer les trois éléments suivants : la collectivité, sous la forme présente de l'État ou du département ou de la commune, les producteurs, les consommateurs.

B. — L'ORGANISME D'EXPLOITATION ET DE GESTION

» L'organisme d'exploitation et de gestion conserve, au regard de la collectivité, une autonomie administrative et financière complète, sous réserve des redevances dues à raison de la constitution du capital et qui seront fixées par le cahier des charges ou l'acte de concession. Le contrôle financier que pourrait assurer la collectivité ne portera que sur la bonne tenue des comptes et l'exactitude du bilan, comme d'ailleurs celui des organisations professionnelles participantes.

» Constitué sous la forme d'une régie coopérative, il aura à sa tête un Conseil d'administration composé d'un nombre fixe de membres, par exemple dix-huit, répartis en trois catégories de nombre égal :

» 1º Producteurs : six membres désignés par les organisations professionnelles respectives (main-d'œuvre et techniciens).

» 2º Consommateurs : six membres dont la moitié représentera la consommation individuelle ou domestique et sera nommée par les coopératives de consommation, et dont les autres représentant les usagers industriels seront désignés par les associations intéressées et, s'il y a lieu, par les autres régies ;

» 3º Collectivité : six membres désignés par une organisation centrale d'État : la Direction générale de l'Économie nationale, qui sera définie par ailleurs, et, en attendant sa constitution, par le gouvernement.

» Les membres du Conseil d'administration seront rétribués ; ils seront nommés pour une période à fixer et renouvelés par fractions. Ils sont révocables par décision de leurs organisations.

» Le Conseil d'administration aura des pouvoirs très étendus qui seront établis de manière à assurer la responsabilité directe à tous les stades de la gestion et l'utilisation des compétences les plus complètes.

» Il déterminera le budget de l'entreprise et, dans les limites fixées par l'acte de concession, le remploi des bénéfices annuels. Il fixera le programme général de l'industrie, les extensions ou les améliorations nécessaires, l'exploitation commerciale des produits extraits ou fabriqués ou des services et leur répartition suivant les zones normales établies, en tenant compte des besoins généraux comme de la disposition des centres d'exploitation. Il nommera ou révoquera les chefs de services centraux qui seront responsables devant lui de leurs actes et de ceux de leurs subordonnés. Il contrôlera les organismes régionaux ou locaux qui devront être constitués pour assurer la gestion des entreprises. Il assurera la liaison des divers services, la coordination des efforts dans l'industrie même comme la coordination des efforts de cette industrie avec les industries voisines.

» Il réglera, d'accord avec leurs organisations, la rémunération des travailleurs manuels, techniques et administratifs, les conditions du travail, de la sécurité, de l'hygiène et, dans certains cas, du logement sous le contrôle de la Direction de l'Economie nationale.

C. — Bénéfices et remplois

» L'exploitation normale de l'industrie, la vente de ses produits ou la rémunération des services rendus seront calculés de manière à laisser entre le coût de l'exploitation et le total des rentrées une marge : le bénéfice.

» Le Conseil d'administration réglera l'exploitation commerciale en se basant sur le principe suivant : mettre à la disposition de la collectivité et au plus bas prix raisonnable les marchandises, forces ou services qu'il est chargé de lui fournir.

» Quel sera le remploi de ces bénéfices réalisés ?

» Il faut écarter immédiatement l'hypothèse d'une appropriation globale par les personnes directement intéressées dans l'industrie.

» Il convient, d'autre part, de déclarer que nous n'accepterons pas une participation aux bénéfices pour les producteurs. De deux choses l'une : ou elle serait faible et ne donnerait aucun résultat, ou elle serait trop forte et constituerait un prélèvement au profit d'une seule catégorie d'individus, ce que la nationalisation a précisément pour but de supprimer. Elle inciterait d'ailleurs à élever les charges de la collectivité.

» La suppression du salariat ne résultera point de ce système, mais de la disparition de l'exploitation capitaliste, de la participation des producteurs à la gestion.

» Il devra être fait trois parts de bénéfices :

» 1º En premier lieu, préalablement à toute autre répartition, la somme nécessaire pour assurer l'amortissement du capital initial et l'intérêt du capital d'exploitation ;

» 2º Une somme à remployer immédiatement, d'une part au développement de l'industrie d'exploitation, des installations nécessaires, des modifications techniques et, d'autre part, à l'amélioration générale du sort des travailleurs (hygiène, sécurité, logement) ;

» 3º Une partie destinée à constituer une réserve calculée évidemment, non en vue d'une répartition ultérieure sous une forme quelconque, mais pour parer aux aléas possibles et aux besoins futurs. Cette réserve pourrait, d'autre part, être utilisée en partie au développement d'autres régies, suivant l'avis de la Direction générale de l'Économie nationale ».

2° Projet de nationalisation industrialisée des chemins de fer d'intérêt général, préparé par le Conseil économique du travail de la C. G. T.

« **Reprise.** — L'État français reprend, à compter du 1ᵉʳ janvier 19 , pour les assurer au bénéfice exclusif de la collectivité nationale, l'exploitation et la gestion des grands réseaux de chemins de fer d'intérêt général, savoir :

» Les Compagnies de chemins de fer du Nord, du P. L. M., de l'Est, du P. O., du Midi, le réseau de l'État, ainsi que les chemins de fer d'intérêt général d'Alsace-Lorraine et de l'Afrique du Nord.

» Les conventions et cahiers des charges relatifs aux réseaux concédés cesseront d'avoir effet à cette date.

» Est également abrogé, à compter de la même date, l'ensemble des dispositions législatives relatives à l'exploitation des chemins de fer de l'État.

» L'intérêt et l'amortissement des obligations émises par les réseaux énumérés ci-dessus sont garantis par l'État français à dater du jour de la reprise.

» L'État français garantit également aux actionnaires les dividendes minima fixés pour chaque réseau par les conventions en cours jusqu'à l'expiration des concessions, ainsi que le remboursement des actions amorties.

» En échange de cette unique indemnité, la situation active et passive des Compagnies concessionnaires est transférée intégralement à l'État sans exception ni réserve d'aucune sorte. L'État français acquerra notamment la propriété du matériel roulant et du domaine privé des Compagnies, ainsi que tous les droits quelconques leur appartenant en vertu de contrats passés, soit avec des Compagnies de navigation ou de chemins de fer français ou étrangers, soit avec des particuliers.

» L'État français acquerra également l'actif des caisses de retraites dont il assumera les charges.

» Seront considérées comme nulles et non avenues, les opérations de toute nature concernant le domaine privé accomplies depuis le 1er janvier 19.. en fraude des droits résultant, au profit de l'État, du présent article.

» *Remise de l'exploitation et gestion.* — L'État français remet la gestion des grands réseaux de chemins de fer d'intérêt général à un organisme doté de la personnalité civile et de l'autonomie financière, et justiciable en toute matière des tribunaux de droit commun. Cet organisme prendra le nom d'Office National des Chemins de fer.

» L'Office est administré par un Conseil central de quarante-huit membres composés :

» Jusqu'à concurrence d'un tiers, de représentants de producteurs, savoir : huit ouvriers ou employés et huit techniciens, délégués par la Fédération Nationale des Travailleurs des Chemins de fer.

» Jusqu'à concurrence d'un tiers, de représentants des consommateurs et usagers délégués dans les proportions qui seront déterminées par un règlement de l'administration publique, par la Confédération Générale du Travail, par les organisations patronales d'industrie, par les organisations viticoles et agricoles et par la Fédération Nationale des Coopératives de consommation, par le Touring-Club de France.

» Jusqu'à concurrence d'un tiers, par des représentants des intérêts de la collectivité nationale désignés par le Comité directeur de l'Économie nationale et, en attendant sa création, par les pouvoirs publics.

» Les membres du Conseil central sont nommés pour six ans et renouvelables par moitié tous les ans. Toutefois, leur mandat peut leur être retiré avant son expiration normale par l'organisation ou l'autorité qui les a désignés.

» Le Conseil central possède d'une manière générale tous les pouvoirs d'initiative et de décision nécessaire à l'exploitation, à la gestion, et au développement du réseau national ; entrent notamment dans ses attributions :

» 1º La nomination d'une délégation permanente de douze membres élus dans son sein et suivant les mêmes proportions, de producteurs, de consommateurs et d'usagers, et de représentants de la collectivité économique qui a présidé à la formation du Conseil central lui-même.

« 2º La répartition des services entre les trois directions générales de l'exploitation : de la voie, de la traction et le secrétariat du Conseil central et de la délégation permanente ;

» 3º La nomination et la révocation des trois Directeurs généraux ;

» 4º La délimitation des régions d'exploitation et la nomination des chefs de service régionaux sur la proposition des Directeurs généraux ;

» 5º La détermination des traitements fixes et de la rémunération variable selon les progrès de l'exploitation et les économies réalisées à allouer aux membres de la délégation permanente, aux Directeurs généraux et aux chefs de service régionaux ;

» 6º L'approbation du budget et des comptes dans les conditions prévues par l'article 7 ci-dessous ;

» 7º La fixation du montant, de la forme et de la date des emprunts à émettre dans les conditions prévues par l'article 9 ;

» 8º L'établissement des tarifs de transport dans les conditions prévues par l'article 8 ;

» 9º L'approbation des contrats collectifs à conclure relativement aux conditions de salaire du personnel de direction et d'exécution.

» *Administration.* — *Gestion.* — Le Conseil central élit, parmi les membres de la Commission permanente, son bureau, qui est aussi celui de la délégation. Il établit son règlement intérieur.

» Le Conseil central se réunit tous les deux mois au moins sur la convocation de son président ; il peut être convoqué à toute époque, à la diligence du Ministre des Travaux publics ou sur la demande de la majorité de la délégation permanente.

» Dans l'intervalle des réunions du Conseil central, la délégation permanente prépare ses décisions et en assure l'exécution.

» Les membres du Conseil central sont responsables de leur gestion dans les termes des lois régissant la responsabilité des administrateurs de sociétés anonymes. L'action en responsabilité pourra être introduite, vis-à-vis de chaque membre, par l'organisme ou l'autorité de qui il tient son mandat ; elle appartiendra dans les mêmes conditions aux membres du Conseil central vis-à-vis des membres de la délégation permanente.

» La délégation permanente, assistée des Directeurs généraux, rend compte de la gestion à chaque séance plénière du Conseil central.

» Les Directeurs généraux exercent sur leur personnel, chacun pour son service, tous les pouvoirs de nomination, d'avancement et de sanctions dans la limite des contrats collectifs. Ils ont qualité pour passer tous les marchés et commandes correspondant à une somme inférieure ou égale à cinquante mille francs, et leur signature engage dans ce cas l'Office pour tout marché correspondant à une somme supérieure ; l'Office ne sera engagé qu'après visa de la signature des Directeurs par deux membres de la délégation permanente.

» Ils présentent au Conseil central, d'accord avec la délégation permanente, tous les projets de modifications dans l'exploitation, dans les méthodes techniques, dans les délimitations des régions, dans l'établissement des tarifs.

» Les circonscriptions régionales seront établies de façon à respecter l'unité de chaque région économique et à rapprocher, autant que possible, l'exploitation des besoins des consommateurs et usagers. Dans chaque région, la gestion sera assurée par trois Directeurs régionaux : un pour l'exploitation faisant fonction de Directeur de l'ensemble des trois services ; un pour la voie, un pour la traction. Les Directeurs régionaux sont, dans la région, les représentants de la Direction générale dans la limite des pouvoirs qui leur sont délégués par celle-ci, d'accord avec le Conseil central.

» Auprès de chaque Direction régionale, est placé un Conseil régional consultatif comprenant vingt-quatre membres, savoir :

» Huit membres désignés par l'Union des Syndicats régionaux adhérant à l'Union Nationale des Chemins de fer.

» Huit membres désignés dans les proportions qui seront déterminées par un règlement d'administration publique, par les Unions départementales des Syndicats adhérant à la C. G. T., par les organisations régionales, du patronat, de l'industrie et de l'agriculture, par l'Union Régionale des Coopératives.

» Huit membres désignés par l'organisme régional de l'Economie nationale et, en attendant, par le Ministre des Travaux publics, parmi les représentants des services publics intéressés et les Conseillers généraux de la région.

» Les Conseillers régionaux élisent leur bureau et établissent le règlement intérieur. Ils se réunissent au moins tous les deux mois sur la convocation de leur Président ; ils peuvent être convoqués à toute époque par le Conseil central, la délégation permanente ou la Direction régionale.

» Ils contrôlent la Direction régionale et leurs délibérations sont soumises au Conseil central.

» Ils reçoivent du Conseil central, pour avis motivé, tous les projets et délibérations intéressant la région.

» Les membres des Conseils régionaux sont nommés pour six ans et renouvelables par moitié tous les trois ans, mais leur mandat peut leur être retiré à toute époque par l'organisme ou l'autorité qui les a désignés.

» *Budget.* — Le budget annuel, le bilan et le compte de profits et pertes sont préparés par le Conseil général, d'accord avec la délégation permanente. Ils sont approuvés par le Conseil central.

» Le budget de l'Office est voté chaque année par le Parlement, à titre de budget annexe au budget général ; à la présentation de chaque budget annuel, seront joints le bilan et le compte de profits et pertes de l'année.

» *Tarifs.* — Les tarifs de transport seront fixés par le Conseil central sur proposition des Directeurs généraux. Ils seront calculés sans prévision de bénéfice, mais de façon à couvrir intégralement les charges et frais d'exploitation de toute nature, ainsi que la dotation des comptes de réserves et amortissement, les taux d'amortissement étant fixés par le Conseil central pour chaque catégorie.

» Quand les comptes d'un ou plusieurs exercices font apparaître un bénéfice ou un déficit, le Conseil central procède à une modification corrélative des tarifs.

» L'abaissement général ou partiel des tarifs au-dessous du prix de revient peut être prescrit à toute époque par une loi spéciale ou par la loi de finances ; le déficit résultant du dégrèvement sera couvert dans ce cas par un crédit ouvert au budget général.

» *Emissions.* — L'Office national ne pourra émettre des emprunts pour travaux neufs ou pour toute autre cause qu'après y avoir été autorisé par une loi. Les titres d'obligations porteront la signature du Président du Conseil central et d'un membre de la délégation permanente. La date de l'autorisation légale figurera sur chaque titre.

» *Personnel.* — Un contrat collectif du travail d'une durée limitée sera passé entre le Conseil central, d'une part, et la Fédération Nationale des Chemins de fer, de l'autre ; ce contrat déterminera les salaires nationaux de base ; il réglera les avancements de grade et de classe, les congés, la procédure et les peines disciplinaires, le mode de gestion des caisses de retraite, de prévoyance ou autre ; il fixera, après avis des Conseils régionaux, le quantum des indemnités de résidence et les coefficients variables suivant les conditions locales et l'amélioration progressive des moyens techniques qui permettront d'intéresser le personnel à la meilleure exploitation ».

TABLE DES MATIÈRES

LILLE, IMP. CAMILLE ROBBE 10.630